我与童年的对谈

钱理群
金波

青岛出版集团 | 青岛出版社

相遇童年……

两位先生在北京泰康之家·燕园畅谈。

保护孩子的天性

钱理群

保护孩子的天性,是金波先生和我的儿童文学观、儿童教育观的核心与本质。在充分尊重孩子天性的基础上,要通过引导,把他们的天性提升到自觉,"从自然人变成文化人,由自在的人变成自为的人"。这里面包含四个方面的意思。

一、与大自然建立亲密的联系。

儿童与大自然,人与大自然,这是金波先生儿童文学创作最重要的、最基本的核心母题。金波先生在《自然笔记》序里特意谈到"面对大自然的万千生命,孩子们的心胸最包容,态度最平等",他们"以真诚结交朋友""有好奇的探究,有新鲜的发现,还有发自内心的敬畏"。

金波先生在《自然笔记》中还重提《论语》中孔子说的那句话——"多识于鸟兽草木之名",更是意味深长。实际上,"多识于鸟兽草木之名"正是中国传统文化、传统教育的要义。因此,我们今天回到大自然中来,也是对优秀传统文化、传统教育精髓的吸收和发扬。

我想强调的是另一面。这就是我在《〈新语文读本〉编写手记》里强调的,我们生活在大自然中,这大自然的美,是需要人用自己的感官、自己的心去发现的。于是就有了中小学文学教育、艺术教育必须担负的任务:开发学生的感官,即他们的视觉、听觉、味觉、嗅觉与触觉,特别是视觉与听觉,简单说就是训练"会看的眼睛,会听的耳朵"。

二、"爱"的天性的保护和提升。

"爱"是从幼年到老年的人生主题,也是文学(包括儿童文学)的永恒主题,"爱"更是教育的根本。

按照艾里希·弗洛姆在《爱的艺术》中表达的观点,爱有一个从初级阶段向高级、成熟阶段发展的过程。大体可以说,幼儿、小学低年级时期爱的特点是孩子被无条件地爱。但到了小学高年级、中学时期,孩子应该从"被爱"提升到"爱人",逐步发展到"关心他人,以及同他人统一"的"爱他人""创造爱",也就是从以血缘为中心的爱,发展到对他人主动的爱。我们的教育、儿童文学的任务,就是要用理性的力量,引导学生"爱他人",爱大自然、社会;"创造爱",达到"博爱"的境界,从而获得成熟的爱。这是引导孩子从幼稚走向成熟的重要方面,爱的教育也要从感性的维护上升到爱的哲学思考的层面。

三、好奇心、直觉、想象力的保护和提升。

对未知世界的好奇心，对万事万物本能的直觉的反应，不受任何拘束和限制的想象力，这都是儿童的天性。到了少年时期发展为"少年意气"，我曾经将其概括为"喜欢思考大问题，包括人生、哲学的根本问题""认为没有不可解的难题、没有不可探索的奥秘的自信心""初生牛犊不怕虎的勇气""不知天高地厚的狂气"。这样的"少年意气"到高中时更是发展为"自由、创造"的青春精神。这都是健全人生最理想的"底子"，弥足珍贵。

我们在编《新语文读本》时，曾这样设想：要引导孩子阅读富有想象力的文学，鼓励他们进行"虚构的想象性写作"。因此在阅读建议里经常提倡"接着往下写"。前一段时间我为金波先生的散文写点评,也不断提出这样的"接着写""另外写"的建议。比如金波先生写了一篇《拔草的老人》,我就加上这样一句:"孩子,你看到老爷爷、老奶奶拔草,会想到什么?如果从来没有注意老爷爷、老奶奶在做什么,就找机会好好看看,想想。"这也是对孩子的观察力、思考力、想象力的一个引导吧。

四、保留、延续玩的天性。

在《快乐鸡毛》中,金波先生深情地写道:"现在回忆起来,(小时候)好玩儿的东西倒也不少。一块布头、几根狗尾巴草,都可能成为有趣的玩具。"文章最后这句话大大触动了我:"那时候,谁的书本里没夹着几根色泽鲜艳的鸡毛呢?"我在点评中这样写道:"本来孩子的生命中就是一个字——玩!"

"玩"是一种"自由自在"的生命状态。这样的生命状态最为珍贵,应该保留、延续下来,成为终生不变的追求。

除了以上四方面,我们还要强调"经典阅读",让孩子自由地与创造民族和人类精神财富的大师、巨人对话、交流,"站在巨人肩膀上,就可以达到前所未有的精神境界,极大地提高精神生活的质量"。我这样描述我自己,以及所有作者、老师和家长的历史使命和最大幸福:"牵着中小学生的手,把他们引导到这些大师、巨人的身边,相互介绍之后,就悄悄地离开,让他们——这些代表着辉煌过去的老人和将创造未来的孩子在一起心贴心地谈话。我们只是躲在一旁,静静地欣赏,时时发出会心的微笑。就为这个瞬间,无论付出什么代价,都是无怨无悔的啊!"

2022年10月陆续写出,11月6日定稿

目录

童年的梦与晚年圆梦　…001

儿童文学启蒙从家庭开始　…013

共享童年　…023

用儿童的眼睛看世界　…035

爱的教育　…045

从好奇心到想象力　…051

游戏是儿童的权利　…059

生命教育　…069

阅读的意义　…075

诗教的智慧与思考　…093

思辨能力　…109

如何"写作"　…121

"我"和"我们"　…137

摄影中的童年记忆　…143

返老还童　…149

童年的梦与晚年圆梦

钱理群：

十七岁的我，当时的最大梦想，是希望长大了能当儿童文学作家。

金波：

一个人的童心是可以保持一生的，即使不从事儿童事业，仍然会流露出童心的天真、纯美和情调。

|钱理群| 我想从我的一个梦说起。十七岁高中毕业前,我参加了一次演讲比赛。演讲的主题是"长大了我要做什么",其实就是讲青少年的"梦"。我讲的是一个"当儿童文学作家"的梦。

|金 波| 那个时候是不是已经开始阅读儿童文学作品了?

|钱理群| 对,这得益于我小时候的阅读积累。一是迷恋安徒生,一是迷恋盖达尔。盖达尔是苏联非常著名的儿童文学作家,他的代表作是《铁木儿和他的伙伴》,当时在我们这一代中很有影响力。我不但熟读作品,还写了一篇论文:《论盖达尔的创作道路》。

|金 波| 儿童的阅读侧重读故事情节,你还

能写一篇评论,这很难得。在阅读中伴随着理性的思考,这是不是可以说是你童年时代阅读儿童文学作品的一个特点,预示了你此后将走上从事理论批评的学者之路?你那篇论文写了大概多少字?

|钱理群| 有一万字左右吧。这篇文稿保留了下来,算是人生一大纪念吧。其实写得比较像读书笔记,但这是我的"第一篇论文"。后来我走上学术研究的道路,绝非偶然。十七岁的我,当时的最大梦想,是希望长大了能当儿童文学作家。当时的观念是文学创作必须有生活积累,我就决定报考新闻专业。大学毕业后到《中国少年报》,或者少年儿童出版社当记者,当编辑,可以在全国各地跑,有了生活积累,就能够当儿童文学作家。就这样我报考了北京大学中文系新闻专业。可是一进校,就发现自己实际上不适合搞创作,因为我

虽喜欢文学，但有很强的理论思维的兴趣与习惯，在我的记忆里的"生活"，有很强的概括性，许多历史的细节都被淡化、模糊化了，而"细节描写"恰恰是文学创作的关键。

我终于发现，最适合自己的是做学术研究。我就这样放弃了"儿童文学作家梦"，走上了学者之路。但我依然无法摆脱儿童文学的诱惑力，只是把对它的迷恋深埋在心中。一个最根本的原因，就是我和你一样，都有一颗童心，有童心就离不开儿童文学。这十七岁的梦，大概到了六十五岁时又重新回来。那时候我已经退休，正好有一个机会给一个研究生写的关于安徒生的毕业论文写序，写着写着就情不自禁地透露出自己"还有一个梦"——希望晚年能够研究儿童文学。从儿童文学出发又回到儿童文学，这样我这一生就十分圆满了。这是何等开心的事，哈哈哈。可惜这第二个梦始终没有机会实现，似乎要成终生遗憾了。

|金　波| 你六十五岁的梦虽然没有实现，但是你说的"有童心就离不开儿童文学"，我非常赞成。我认为一个人有"童心"在，即使不从事儿童文学创作，他的精神状态和思维方式也是不一样的。他对生活有好奇心，有新鲜感，他对生活的态度是纯真的。一个人的童心是可以保持一生的，即使不从事儿童事业，仍然会流露出童心的天真、纯美和情调。

|钱理群| 我在养老院里一遇见你，就有一见如故之感。后来你提出来让我给你的作品点评，我一看就迷上了。我这样的以研究文学作为职业的人，作品看得太多，不会很容易着迷。但是我一看你的作品，就完全被迷住了。不仅是其中的

童心，还包括作品的语言。可以说，你在我晚年生活中的出现，给我提供了一个在八十岁之后实现研究儿童文学梦的人生机遇。我甚至觉得这是命运的恩赐，安排我一生三个阶段——十七岁、六十五岁、八十一二岁，都与儿童文学相遇。从"做梦"到最后"圆梦"，如此巧妙、美好，我这一生真正"圆满"了。

|金 波| 到了八十一二岁还能"圆梦"，获得"人生真正圆满"，这是一生中多么幸福的事情！比起你来，我有些"身在福中不知福"了。我入住老年公寓以后，在相当长的时间里很不适应。我觉得我们认识以后，在某种程度上你帮助我改变了老年的生活状态。说实话，最初我是不太愿意来老年公寓的。但是，我看到你生活很有规律、过得很充实。对比一下，我自己有些没着

落的感觉。因为我在外边经常是开会呀,到小学呀,中学呀,几乎每天都有小朋友和老师的信息,跟他们见面聊天,跟儿童文学作家和编辑探讨问题。我是生活在那样一个开放、开朗有趣的世界里的,我从来没有感觉到自己老了。在我的生活里,体验孩子的世界是最主要的,成人的世界是次要的。我感觉我进入成人的世界不如像进入孩子的世界那么自由自在,所以刚到这里时,我有些孤单,整天都是闷闷不乐的。

|钱理群| 到这儿就觉得自己老了。

|金 波| 是的。我以前没觉得我老,我说怎么到这儿之后,老是想着晚年怎么过呀,静不下心来,很焦虑。吃不下饭,觉也睡不好,总考虑我什么时候还要搬回去。

| 钱理群 | 你是哪一年来的?

| 金　波 | 2018年3月。我一来就知道你在这儿,但是为什么我没主动联系你呢,一是觉得你太忙,不好意思打扰。二是觉得你是搞鲁迅研究的学者,对儿童文学不一定有兴趣。因为儿童文学是一个独立的门类,作家不一定都对儿童文学感兴趣。文学批评也分得很细,搞儿童文学批评和成人文学批评是分得很清楚的。

我们俩吃饭的时候,我远远看着你,你也看着我,彼此远远地打个招呼。后来有一次,给我印象最深的是那一次。我们俩都在散步,我又远远地看见你了。我发现你走得很慢,你在树下走,走一走,停一停,看一看,都是在看树。我认定你喜欢树。对于喜欢树的人,我很自然地就有好感,于是,我主动上前。这次我们算是真正认识了,

以后有时间就会谈一些儿童文学了。特别是有一次，听你说起来十七岁的梦想和六十五岁的梦想，我很吃惊，完全没有想到，你十七岁就有一个儿童文学梦。这太难得了，这让我很惊喜。

后来"金波诗意美文"系列出版了，我觉得书的装帧设计很漂亮，所以我想从书"装帧设计漂亮"的角度，给你看一看。我说，你随便翻翻，有什么感想你就在书页的旁边写下来，算是个点评吧！想写什么就写什么，别有顾虑。你一页页地读，非常认真地写下了很多点评，我拿到以后真的觉得如获至宝。

我心想，还真没有一个人，包括搞儿童文学评论的，能这么细心地读我的作品。有两次你来吃饭晚了，我问怎么这么晚才来，你说忘了钟点，太入迷了。当时我就觉得遇到知音了。后来我想，你的这些点评只有我读到了，如果读者读到了也会非常激动的。我马上想到一个问题，就是现在的儿童文学阅读的问题：儿童究竟应该怎么阅读？

读你的点评时，我在反复思考这个问题。其实你的这些点评并不是完全针对孩子作文的，很多是针对家长、教师的。从这一点上我们俩互相启发，有了共识。如果把这本对谈做下去，一定要把读者的范围扩大，内容也可以更丰富些。

最近这段时间我在读你的一些书，我越读越感到亲切。我读你小时候，发现你的童年生活是很丰富的，将来我要推荐给读者看一看。读了你的评论、研究，我觉得可能一般人读你的书不会如我想得那么多。读的时候我老想到你的童年。你是一个非常热爱生活的人，是一个很浪漫、很有童心的人。我觉得你真的改变了我的晚年生活，使我的生活有了许多新的内容、新的思考，促使我到了老年更要去研究儿童文学。不仅是创作，还要谈儿童的教育问题，包括儿童的审美教育、儿童的启蒙教育。住进了养老院，还要经常交流这些问题，这让我觉得思考更深入了，生活更充实了。所以你说这是缘分也可以，你说是遇到了知音也可以，你说是相见恨晚，这个词儿也能用上，哈哈哈……

儿童文学启蒙从家庭开始

钱理群：

和孩子一起读一本书，坚持下去，成为习惯，就会形成一种家庭氛围，甚至培育出『家庭文化』。

金波：

儿童文学应该是把真正的童年还给儿童的文学。

|钱理群| 我们的谈话还可以再深入一步：我们之间究竟有哪些"共鸣点"？我觉得其中一个关键点就是我们俩对现在的儿童教育的关注与焦虑。我没有孩子，这背后的故事以后有机会再说。但是我一直很关注孩子的教育，对他们的命运、成长的处境都很在意。我虽然没做儿童文学创作，但是多年来一直置身于中小学语文教育领域，对中国的基础教育、孩子的生存状态基本是了解的。可以说，我和你从不同角度观察、思考当下中国教育环境下孩子的处境，都有一种焦虑，觉得有些孩子的童年没有那么快乐。比如，按我们的理念，孩子拥有玩的权利，而现在有些孩子玩的时间没了，空间也没有了。这真的让人焦虑。

在追问其中的原因时，我想起你的一篇文章，大概是2011年的一篇对话。采访者告诉你，当时存在一种教育观点，要对孩子进行"狼性教育"。

|金　波| 是的,狼性教育,曾经有这一类的书。

|钱理群| 狼性教育,它的理论依据是:当下中国是一个竞争社会,孩子应该更早地进入充满竞争的世界,否则将来要吃亏的。

|金　波| 它是强调要注重培养孩子的竞争力,鼓励孩子当强者。

|钱理群| 但如果由此就强调,儿童教育必须顺应竞争社会的要求,从小培养孩子的"狼性",问题就大了。这大概是我们俩反应都很强烈的原因。这背后,不仅有一个所谓"在竞争社会,人必须具备狼性"的根本性的理论与实践的失误,而且涉及儿童教育学的一些重大问题。比如承不承认

儿童有自己的世界的问题。必须承认，儿童有一个和成年人不同的世界。否认"儿童世界"的独立存在和特殊价值，过早地把儿童引向成人世界，进入被扭曲了的所谓"竞争"状态，孩子就不会有真正属于自己的童年。很多独属于童年的本真的天性会被无端剥夺，这正是我们俩最为焦虑的。孩子决定中国的未来，孩子如果没有了童年，不仅会影响孩子的一生，而且会影响整个国家的发展。

我研究周作人，他就说过，人的一生也分春夏秋冬四季，春天做春天的事，夏天做夏天的事，秋天做秋天的事，冬天做冬天的事，是绝不能混淆、颠倒的。如果不分春夏秋冬，整个人生，以至整个世界，就会变得混乱，后果不堪设想。

|金　波| 是，现在很多孩子学习压力真的很大，自由支配的时间很有限，而且有些孩子不

会玩了。我举个例子,我养蝈蝈,一个城里的孩子来我这儿,没见过蝈蝈。我跟他讲,这是冬天孵化的蝈蝈,还能叫,他听了很奇怪。他没有新鲜感,没有好奇心,也不太关心冬天的蝈蝈是怎么孵化出来的。他缺乏兴趣,因为他不熟悉昆虫,不熟悉大自然。

当我把那个蝈蝈葫芦递给他,我说你看一看,他吓得往后退缩,他说"我害怕,我怕它咬我"。你看,有的孩子的确不知道怎么走近自然。他们见到的也仅仅是城市里有限的草坪,他们没有真正地深入到那种鲜活的大自然里去。所以我们俩焦虑,觉得孩子失去了本属于他们自己的乐园。在谈及儿童文学的时候,我说,儿童文学是什么呢?我有两个观点:一是儿童文学应该是使儿童健康成长的文学,二是儿童文学应该是把真正的童年还给儿童的文学。为什么说要把童年还给儿童呢？我觉得在现实生活里，很多儿童缺少有趣的、符合天性的童年生活。儿童有自己独特的天性，但有的不具备了，有些遗憾。拿刚刚我给你举的那个例子来说，本来孩子的好奇心应当是很强的，男孩儿女孩儿都应该是这样的，但是现在有些孩子的生活面窄了，对于生命的感知和探求在减弱。

关于孩子的学习问题，家长也很焦虑，都在探索新的学习方法，新的教育环境。所以我们的这次对话，不仅仅是面对儿童，也是面对家长和教师的，我们要一起探讨这个问题。

｜钱理群｜ 我们俩都有一种责任感，总是在想：面对目前儿童人生颠倒的危险，我们怎么办？作为退休老人，我们能做点什么事情？想来想去，就想从民间的角度，通过文学作品的阅读，推动民间的儿童启蒙教育。这就是你首先提出来的"儿童文学启蒙教育"。我们设想，或许可以从推动家庭儿童教育入手。这本来也符合中国的诗教传统。

│金　波│不学诗无以言。

│钱理群│需要亲子共读。最近一段时间，我一直在关注与思考当下的中国与世界发展的问题。这次全球性的疫情灾难，有一个很大的特点，就是把大家都逼回到家庭里。家庭问题，特别是家庭教育问题就非常突出了。而且我认为在疫情过后，这样的"回到家庭"的趋势还会延续下去，家庭教育将被提到更重要的位置。不只是家庭教育问题，还有你提出的"家庭文化"的建构问题。

中国传统的诗教，亲子共读，就提供了一个非常好的方式。说起来也很简单，就是每个星期抽出一个小时或者两个小时，和孩子一起读一本书，坚持下去，成为习惯，就会形成一种爱阅读的家庭氛围，甚至培育出"家庭文化"。

我当年主编过一套《诗歌读本》，就是想提供亲子共读的课外读物。从孩子出生就开始共读，贯穿孩子从小学到初中、高中受教育的全过程，把家庭共读作为对学校教育的一个重要补充。这是基于我们对孩子成长过程的一种观察。我们发现，有些孩子到了高中，十六七岁即将告别少年时期的时候，就会因为或多或少的叛逆心理以及和家长关系紧张等问题，拒绝和家长交流。家长想了解孩子在想什么，却没有好的办法，有些束手无策。

| 金 波 | 其实孩子那时候也感到很孤独。

| 钱理群 | 这里有一个重要原因，就是找不到一个交流的恰当方式。我们设想，如果从孩子

小时候开始，家长就通过共同阅读的方式和孩子轻松、自由地交流，形成很好的家庭阅读习惯与氛围，等孩子大了以后，即便遇到这样导致彼此隔阂的问题，也可以十分自然地通过共同阅读、讨论来进行沟通。这就是我们所说的"家庭文化"的作用。有了这样一个通过共读形成的文化交流的小环境，整个家庭气氛就完全不一样。所谓"文化交流"，实际上就是一种"心灵的交流"。

《金波诗意美文·钱理群精读点评本》跟别的书的不同之处，就在于它的读者不只是孩子，甚至更多是给家长看的。我写的点评，其中许多是对家长说的。不仅是对家长，也包括教师。现在很多有理想的教师也很苦恼，他们不知道该怎么和孩子对话，怎么去引导孩子。我们想推动的课外阅读，就是"家长—教师—孩子"的"共读"。

共享童年

钱理群：

有的家长自己也淡忘了童年，通过阅读，也在回归自己的童年，所谓与孩子『共享童年』。

金波：

亲子共读不仅仅是知识的积累，更是生活经验的积累。

|金　波| 关于"亲子共读"的问题，还可以进一步讨论。这个概念，其实在二十世纪九十年代才传入中国。这个大家都能接受，都想做好。但是在一开始的时候，提到亲子共读，就是家长舍得花钱给孩子买书。最初图画书刚刚流行的时候，有的家长还是觉得比较贵的。接受了亲子共读，有些家长不再觉得买书价格高了，但是很多家长没时间陪孩子读，或者没兴趣读，不会坐下来跟孩子一起读书。针对这个问题，我提得比较具体：我首先问家长，你们家会专门给孩子去准备一个小书架吗？因为我的两个孩子小的时候，我虽然没有给他们独立的书架，但是我告诉他们书架下面的两层是你们的。这个很重要。孩子会觉得有我的图书天地，这儿的书是我的，他对书有了一种支配权利，他想读哪本，就可以读哪本。亲子共读不仅有引导，还有尊重。

第二个问题,我问家长:你能不能花一点时间,陪孩子共读一本书。不是你读你的书,我读我的书,而是"共读"一本书。那本书虽然你以前可能读过,但是你现在还要读一遍。读一遍是为什么呢?是为了你跟你的孩子能够交流,交流阅读的感受。我说,你如果不跟他共读一本书,你谈不出来感受,即使你想交流,也想不出来要交流的题目。

|钱理群| 共读是真读。

|金 波| 对,甚至是研究性地阅读。家长想要了解孩子,就从阅读开始。没有共同的阅读,家长不会了解孩子真正的深层次的阅读和思考。

还有的家长问过我一个问题。家长说:您觉得我该怎么给孩子推荐书?您给我列个书目。我说:即使给你列出书目,也是很有局限性的书目,

不见得适合你的孩子。所以我就给家长建议，首先要去了解孩子喜欢读什么书，他读完了哪本书，愿意跟你交流，这说明他特别感兴趣。你去问问他为什么感兴趣，为什么不感兴趣，这是你了解他的阅读趣味的一个途径。慢慢地，你就知道你的孩子喜欢什么书。所以亲子共读的问题，内涵是非常丰富的，方法也是非常多的。我们不能仅仅停留在推荐书目的阶段。

| 钱理群 | 我做一点补充。实际上在亲子共读的时候，家长自己也是有变化的。有的家长自己也淡忘了童年，通过阅读，也在回归自己的童年，所谓与孩子"共享童年"。

| 金　波 | 对。进入成年后还要与孩子"共享童年"，"共享"很重要。

| 钱理群 | 我给你的书写点评的时候,就是想唤起家长的童年记忆,或者说家长没有童年记忆了,那就帮他再回到童年去。家长要引导孩子,先要了解孩子,就是刚才你讲的,要了解孩子内心更深层次的东西。怎么了解?和孩子一起阅读和讨论,是一个很好的途径。这其实就是一个自己和孩子精神生命共同提升的一个过程。这样家长和孩子就成了生命共同体了,就会有真正意义上的精神共鸣。

我还主张爷爷奶奶和孩子一起读。爷爷奶奶也有这样的精神需要,他们也借此回到童年。实际上这样的亲子共读有三个阶段:从童年、少年时期,到青年时期,再到老年。这是一个家庭文化的逐渐形成与发展的过程,其核心是使全家人共同获得精神的共鸣,而且贯穿每个成员的一生。

|金　波| 是的。现在我们有些家长很少那么细致、深入地了解过孩子喜欢什么样的书。其实每个阅读的人都有自己喜欢的书。现在有的家长就是按照各种推荐书目来给孩子买书,其实效果很有限。知道了推荐书目,还要了解你的孩子会不会喜欢。

其实孩子在很小的时候就有鲜明的个性了,他的审美趣味,他的思维方式,他的待人接物的表现,等等。通过这些我们能看出一个孩子感知世界的方法和角度。孩子有自己的生活方式和风格。这个时候,我觉得家长可以通过阅读了解孩子,进一步和他交谈,借助于阅读的话题来发现孩子的认知能力和感受能力。

比如说咱们谈的生活经验的积累啊,包括待人接物的经验积累啊,包括审美的趣味啊,这些都离不开阅读。这个话题我觉得家长一定要重视,亲子共读不仅仅是知识的积累，更是生活经验的积累。但是现在很多孩子几乎没有空闲的时间，或时间安排不当，把阅读排除在外。阅读是软功夫，不能立竿见影。阅读能力的衡量标准又不是很明显。阅读的问题，包括方法、观念，包括它的功能，以及分级阅读等问题，还要进一步深入研讨。

｜钱理群｜ 我们创作这本书还有一个重要的目的，就是如何发挥出版社的作用。

我跟出版社有长期交流的经验。出版社在民间启蒙文学作品的出版与应用方面应该起一个组织者的作用。我现在回想，这些年我做的三大民间阅读学术工程都跟出版社有关。一是编写青少年课外阅读读本《新语文读本》《小学生名家文学读本》，是分别和广西教育出版社、浙江少年儿童出版社合作的。二是编写《中国现代文学编年史——以文学广告为中心（1937—1949）》，是和北京大学出版社合作的。去年年底出版的《安顺城记》，是一次民间修史的尝试，前后历时八年，合作者是贵州人民出版社。对我这样的民间阅读教育与学术的推动者来说，出版社在组织这方面正好发挥特殊作用。由出版社筹划，由我牵头组织全国最好的学者、编者进行合作，这样也便于阅读推广。出版社方面也一直在寻找一条新的发展路子，以摆脱在组稿、发行诸多方面的被动局面。实践证明，出版社自己成为一套丛书的组织者，把书的组稿、写作、编辑、出版、流通、评估、推广运用统一起来，这样一条龙的运作，会产生意想不到的效果。

│金　波│出版社最好有一个专门的机构，负责重点项目的组稿、编辑、出版、发行、推广工作。其中的一个关键，就是要找到有策划组织号召力、有权威影响力的项目带头人。

| 钱理群 | 咱们俩对这些方面的问题，有过专门的讨论。我们知道目前出版业竞争很激烈，但是我们又觉得出版的机遇也很多，就看出版社有没有足够的眼力和智慧，恰当抓住机遇。

| 金　波 | 对，现在儿童阅读与成人阅读相比，机遇还是多得多。

| 钱理群 | 我觉得我们创作这本书，概括起来说，就是要推动三项事业。一是在现有条件下进行儿童阅读的启蒙教育、民间的启蒙教育。二是推动亲子共读、家庭教育。三是推动出版社更加自觉、主动、积极地发挥自身的组织作用，在看似困难的条件下开创一条新的出版之路。

|金　波| 可以初步拿几套书，有意识地做这三个方面的尝试。现在编辑部都在忙于前期的选题与书出版后的销售，对于深层次的问题，如怎么认识我们的民间启蒙教育新实验的意义与价值，怎样动员、组织家长参与亲子共读，都注意得不够，经验积累得还不够，这都亟待加强。

|钱理群| 关于亲子共读书目，我还想讲一点意见：既可以选文学的，又可以选科普的。实际上你的作品，在我看来，不仅是一种文学读物，它也有一定的科普知识，还有民俗等方面的内容，更有深层的哲思，包含着超越文学的更丰富的内容。你写的许多东西都是今天的孩子们很陌生却不可或缺的"常识"，比如关于大自然的植物学、动物学的知识，关于民间文化的知识，关于人的基本生存的哲学，等等。今天的孩子都需要知道。

|金　波| 我始终认为儿童文学作品可以多一些知识性,知识读物可以多一点文学性,这样更符合孩子阅读的习惯与心理,这也是孩子生命健全成长的需要。

我写东西比较注重读者,总要考虑我这本书大概是给多大的孩子看的,多大的孩子是我的主要的读者。这点不明确的话,写的时候就不好把握。

用儿童的眼睛看世界

钱理群：我们倡导的是『立人』的儿童文学，『立人』的儿童教育。

金波：儿童文学很重要的作用是培养感情丰富、勤于思考的人。

｜钱理群｜ 下面谈到我们要说的另外一个重要问题：我们想通过《金波诗意美文·钱理群精读点评本》，表达怎样的儿童文学观、儿童教育观？要点就是要保护儿童的天性，还要把天性提升到"人的自觉"。从根本上说，就是培养孩子"成人"，也就是"立人"。我们倡导的是"立人"的儿童文学，"立人"的儿童教育。首先我们要讨论的是：儿童的天性是什么？

｜金 波｜ 对，研究儿童的天性，是我们认识儿童、教育儿童的基础。

｜钱理群｜ 儿童的一个重要天性是亲近自然，不只是亲近，实际上是他们喜欢和自然融为一体。儿童与自然的关系和我们成人与自然的关系有很重大的区别。这方面你有更多体会，对吧？

|　金　波　| 孩子和自然很容易融为一体。幼年的儿童容易产生泛灵心理，随着年龄的增长，科学知识储备越来越丰富，泛灵心理会越来越淡薄，但我们要研究孩子的泛灵心理。他们很容易把客观的事物和他们的心灵相通。我觉得儿童文学要认识到这一点，重视这一点。孩子看同样的一个事物，他有他的方法，他有他的心理状态，我们成人往往会忽视。我有一次遇到一个很喜欢文学的小女孩，冬天她看到墙角里还有那么一丛非常绿的小草。尽管周围都是雪，雪中的小草还是绿的。她非常惊喜，她把她的同学们都叫来了，说我发现了一个秘密，天气这么冷，居然有的草还是绿色的！她说这不是一般的草。可是那几个孩子看了以后，毫无感觉：这草有什么可看的呢？小女孩也很失望，她觉得这么让人惊奇、高兴的事，他们怎么都高兴不起来呢？你看，孩子在这方面

是有差别的。

儿童文学很重要的作用是要培养感情丰富、勤于思考的人。感情丰富,我认为是人的第一境界。人必须感情丰富,感情丰富你才可能知人、助人,对别人的情感才敏感,亲近人、亲近自然的能力也会更强。思考能力则是成长的标志,是推动社会进步的力量。我常常这样想:如果说给孩子写的优秀的文学是大文学,那么孩子的思考也有可能是一种新思路、新认识,照样可以振聋发聩。

我们现在谈亲子共读,有一个培养亲近自然的感情、培养审美趣味的问题。

从阅读的角度来说,让孩子懂得什么是美的,要锻炼孩子们的各种感觉器官。我认为儿童文学首先是听觉艺术,特别是对幼儿来说,读起来,要听着好听。对于幼儿来说,声音有时候比内容重要。给孩子的文学,读者的年龄层次、心理状态、审美趣味都是要关注到的，阅读的方法要多样些。比如说，大声读还是小声读，还是默读？效果是不一样的。我觉得我们要有个大目标，就是培养孩子的审美趣味。阅读方法中有一些具体的、细节的东西非常丰富，要不断地发掘。

|钱理群| 所以读你的作品，有一个要点，就是必须朗读。

|金　波| 对，我自己写作的时候也会朗读两遍。

|钱理群| 特别是亲子共读的初级阶段，核心是读，培养孩子的听觉，从听觉当中去感觉美。这也是回归儿童的自然天性。这背后其实有人类学的理论。

人类学认为，人个体的成长和整个人类的成长是相似的过程，儿童阶段仿佛就在经历人类的原始阶段。儿童跟自然的关系，跟原始时期的人类和自然的关系是相似的，那个时候人和自然是亲密无间的，人们主要是通过视觉与听觉去感受自然的。

我为什么对你的儿童文学那么着迷，其中一个很重要的原因是读你的文学让我回到了自然中去，又回到了一种用儿童眼光去看自然的童年（个人的童年，也是人类的童年）时代。但是我们又不能简单地回归儿童的天性，还需要培养，培养孩子有一双会听的耳朵、会看的眼睛，还有触觉、嗅觉，就是要进行人的器官的"开发"。培养会审美的眼睛、耳朵，这是儿童教育的一个重要特点。这方面有很大的文章可做。

|金　波| 感觉的记忆很重要。孩子是很敏锐的，可能他表达不出来。孩子的感觉很丰富，我们往往忽视了这种感觉。

你有一个养老的理念，就是让老年人亲近自然，回归自然。比如说，你曾经建议养老院开辟一块园地，让我们种植蔬菜，种植花草。你提出来这个理念，我觉得非常有必要，我们在打理植物的过程当中，实际上是回归自然、回归童年了。

|钱理群| 我的老师林庚提出一个概念："用儿童的眼睛看世界"。还有一个概念是梭罗提出来的，就是"黎明的感觉"：每天醒来第一次面对世界，重新发现世界。

之前谈到的我们俩第一次相遇时，我在一边走一边看，就是用儿童的眼睛去重新发现。这棵

院子里的树，天天看，就要注意它有什么新变化。不同时间——清晨或正午，有太阳、没太阳，不同季节——春天、夏天、秋天与冬天，同一棵树有不同的变化。这样，同一棵树，每天去看，都会有新的形态，带给你发现的喜悦。我们现在缺的就是这一课，不仅孩子，连同家长，其实都需要"会看大自然的眼睛，会听大自然的耳朵"。

|金　波| 我觉得这也是"童心不泯"的表现。回归童年，是生命的需要啊！

爱的教育

钱理群：

我们要引导孩子爱他人、爱社会、爱人类、爱世界。

金波：

这还是儿童文学的一个使命，应该把爱的教育作为儿童文学要阐述的一个主旨。

| 钱理群 | 我们讨论儿童的自然天性，不能忽略情感的方面，它实际上是一个爱的问题。儿童本性的另一个重要方面，就是爱的本性，追求真、善、美的本性。这也是需要培育的。

根据我看的一些有关爱的教育的文章，儿童的爱是分两个阶段的。初级阶段的爱，是基于血缘关系的爱，大家爱他，儿童是被爱的对象。第二个阶段，我们要引导孩子爱他人、爱社会、爱人类、爱世界。爱也是需要教育的，也是需要一个不断提升的过程，不能完全停留在以自我为中心的爱，我们要培养有责任的爱。

| 金 波 | 这还是儿童文学的一个使命，应该把爱的教育作为儿童文学要阐述的一个主旨。

现在的孩子习惯于被爱，应该引导孩子更多地施爱于人。

|钱理群| 这里还有一个问题,也是鲁迅提出的命题,就是过度的、强制的爱,有可能形成专制的爱,这是最容易导致家长和子女产生矛盾的。

|金　波| 家长经常说我都是为你好。

|钱理群| 对,我都是为你好,你得听我的,父母生了你、爱你,就有权力支配你。这就把权力关系灌入到爱里面去了。这是现在我们家庭教育的一个极大问题,强调要报答,父母有恩于你,要感恩。

鲁迅说,母子之间的爱是天然的,没有任何前提的,出于本性的爱,不能有任何外在的东西渗入,特别是不能有权力的介入。鲁迅最好的朋友许寿裳的夫人突然去世,鲁迅写信表示悼念的同时,又说了一段意味深长的话:从另一面看,从此你

的子女可以更刚强了。鲁迅这里所揭示的，正是"爱的两重性"：爱，给人带来生命的美好、温暖与力量，同时，如果是过度的爱，也会成为人的精神负担。特别是一旦有了权力的介入，要求回报，家长对孩子有支配权，就会形成"爱的专制"。

|金　波| 感恩当然是一种品德，但是很多大人要求，我爱你，你必须回报我，回报就是懂得感恩，不回报就是不懂得感恩。实际上没有这么简单，刚才说的权力意识，是给孩子增加了负担。

从好奇心到想象力

钱理群：
保护儿童的色彩感、音乐感，这是儿童独有的艺术感觉。

金波：
鼓励孩子对事物保持新鲜感，鼓励他们多去揣摩，探究，欣赏。

|钱理群| 孩子还有好奇心、想象力和审美力。我们现在不是提倡创新吗？创新的前提，就要有好奇心、想象力和审美力。

|金　波| 好奇心是孩子的天性之一。在好奇心的驱使之下，想象力才更丰富。他找不到答案的时候，他就想象，自己去想象，自己去幻想。幻想往往使得我们对孩子有一种新的认识，新的发现：我的孩子怎么会这么想呢？他的想象力怎么来的呢？大人们有时不太理解，可能是过了那个阶段了，对孩子的世界陌生了。我记得我的孩子小时候，有一次他画了一张画——画里他一只手掌伸出去，手掌上画了一个很大的球。我就问他，这是篮球吗？他说这不是篮球，这是药丸儿。我又问他，你为什么把药丸儿画得比手掌还大。他说药丸儿太苦了，在他的印象里药丸儿就是这么大，

他吃药丸儿的时候，感觉特别痛苦，为了永远记住药丸儿的痛苦，就把药丸儿画得大大的。

要鼓励孩子对事物保持新鲜感，鼓励他们多去揣摩，探究，欣赏。孩子的好奇心、新鲜感，是家长了解、认识孩子的重要途径。有些我们解释不了，孩子可以解释，只是他不一定能表达得很科学，很清楚，但想象力是有趣的，可贵的。

我特别喜欢孩子的画，他们虽然有时没有学技巧，但他们完全凭着自己的想象力来画，所以画得会很独特、有趣。

|钱理群| 是的，儿童有自己的色彩感，自己的音乐感，家长以及其他教育者，要保护儿童的色彩感、音乐感，这是儿童独有的艺术感觉。儿童画为什么那么迷人？就是因为它体现了儿童独有的艺术感觉。

其实，儿童的想象力也是需要培养，需要教育引导的。我当年在介入中小学校教育领域的时候，就曾提出一个"基本想象力的培养"的教育课题。中国传统观念把"金木水火土"列为构成宇宙万物的五大基本元素。在我看来，你的作品的一个很大的价值，就是为孩子提供了怎么看（观察，体味，欣赏，描写）土地，如何看水，看火，看树木，看周围的各种形态的大自然的生命的范例、方法。

|金　波| 这都是我们来到世界首先认识、感受到的。

|钱理群| 还有对形体的想象，对圆形、方形……的感悟、想象。这些想象也是人的基本想象。钱锺书就有一篇很有意思的文章，谈圆形的美学，讲圆形引发的各种想象、美学趣味。你的作品，

我读得最有滋有味的，就是你对"雨"的描写，写了七八篇之多，从不同的角度去观察、想象、欣赏"雨"，将"雨"审美化。这都是对孩子的一种引导、教育。读了你对"雨"的文学描写，孩子就会以一种新的眼光去观察、感悟"雨"之美，并且有自己的新的发现与想象。这就是我们所说的"儿童文学启蒙教育"。

｜金　波｜孩子来到这个世界，是在慢慢认识世界的，需要一个接触、认识的过程。但是在这个过程中，他在得不到答案的时候，就会有各种各样的想象、幻想。所以孩子的想象力非常珍贵，过了那个年龄段可能就少了，没有了。如果一个孩子的想象力非常丰富，他自然会有童心。

｜钱理群｜讲到这里，我突然想到，将来可

以出一套书,关于基本想象的书,把古今中外关于"金木水火土"的想象与描写,汇集起来,会非常精彩。

|金　波| 嗯,这个选题好!从文学的角度,科学的角度,都很有意思。现在有好多种这类词典,比如关于猫的,关于狗的,关于花的,关于树的词典,读一读科学家、文学家怎么写的,特别有趣味。我就喜欢读,好像满足了我童年时代的好奇心。

|钱理群| 现在再加上"金木水火土",视野更开阔,更丰富,而且这是中国传统的生命想象,对中国的孩子会更有吸引力。

游戏是儿童的权利

钱理群：

玩最大的快乐就是自由自在，爱怎么玩就怎么玩。这就回到了自然状态的生命。

金波：

游戏这个话题，内容很丰富。无论是从儿童教育的角度，还是从健康成长的角度，游戏都是非常重要的。

| 钱理群 | 儿童有一个天性，玩的天性。

| 金　波 | 对，说起玩，我很有感触。那天朋友送我一个陀螺，我居然都不会玩了，有些失落。说起陀螺，过去都是我自己做，做的过程就是玩。现在很多孩子不会自己做玩具。

| 钱理群 | 现在孩子滚铁环吗？

| 金　波 | 听说有卖的，但是卖得不好。

| 钱理群 | 这些老游戏都应该提倡……

| 金　波 | 小时候玩滚铁环、踢毽子、放风筝。现在放风筝、踢毽子的都不多。我原来在写《快乐鸡毛》的时候，写了"鸡毛鸡毛你看家"，

我觉得当时的小孩很有创造性。

| 钱理群 | 现代科技固然带来一些新的可能性，但同时它也有一定的束缚。过去一些老游戏，滚铁环啊，踢毽子啊，放风筝啊，它更自然，更接近人的本性，是贴近生命本身的运动。现在带有科技元素的玩法，是超越的、虚幻的。它也会给孩子带来新的快乐，新的想象空间。今天的孩子玩的内容也许比我们更丰富，但似乎也有缺憾，就是远离传统游戏，这就有"不接地气"的危险。现在也需要补传统这一课，把新科技的玩法与传统的玩法结合起来。传统游戏、玩具的最大优势，就是更原始，更接近人的本性。在你的一篇关于玩的文章里面，有一个理念我非常欣赏，就是"自由自在地活着"。玩最大的快乐就是自由自在，爱怎么玩就怎么玩。这就回到了自然状态的生命。

现在新科技的玩法，充满科技元素，是虚幻的存在，而非生命本能的、自然的存在，这两者之间是有区别的。我们现在缺少这种本能，缺少自然的自在感。

|金　波| 自由自在才会更贴近玩具，把玩具变得更有生命力。我们小时候玩，比如弹球，弹球之前要先刨几个坑，然后看弹球与坑之间有多大的距离，考虑怎么把球最后都弹到那个坑里头去。从挖坑开始，就很有意思。现在家长通常不会让孩子玩，会觉得手会弄脏啊，不干净啊。

|钱理群| 哈哈哈……

|金　波| 那时候我们弹球，看谁能弹得准，进球进得多，谁会什么样的弹法，都有讲究。有的孩子弹得真好，姿势美、弹得准，很有天赋，

现在看不到了。

|钱理群| 对呀，玩的过程也是发挥想象力的过程。

|金　波| 是的，比如说抽陀螺，开始是在石板地上玩，后来到水泥地上玩，再后来到冬天的冰面上玩，花样也多起来，这些都是孩子们在玩中探索出来的。

|钱理群| 就是赋予孩子创造力，是一种创造性的玩。

|金　波| 所以那时候孩子会玩得很满足。玩具都是我们自己做的，我做，你也做，他也做，就比出来谁做的工更细。你看，在玩中培养趣味，

这就离不开创造性。

|钱理群| 现在很多孩子在手机或者其他智能机器上玩,而且是一个人玩,沉浸在个人的幻觉中,不同于过去群体地玩,竞技性地玩。

|金　波| 在民间童谣中就有竞技性的童谣。一个是谜语歌,一个是绕口令。这两种都是竞技的童谣,嘴巴上的游戏,声音的游戏,口技。

|钱理群| 看谁技巧高,看谁聪明。孩子必须有成就感。天天关在家里,没有竞争性,会越玩越没劲儿。其实孩子从小就需要进入集体,懂得和他人协调、合作,以后到社会就慢慢知道什么是"社会竞技"。如果你总是孤立的,突然进入社会的竞技状态就会很恐惧,完全不能适应。怎么与人相处,

怎么处理各种问题，涉及人际关系这一类更复杂的问题，是孩子迟早要面对的人生课题。

| 金　波 | 游戏这个话题，内容很丰富。无论是从儿童教育的角度，还是从健康成长的角度，游戏都是非常重要的。

| 钱理群 | 而且我觉得还要强调玩是儿童的权利。儿童天生就喜欢玩，这是他生命发展的需要，是孩子身体健康的基础和前提。他跳来跳去，蹦来蹦去，对身心都是有好处的，两方面都解放了。

| 金　波 | 过去批评孩子，说这孩子玩疯了玩野了，其实那时候是他最高兴的时候，玩能发挥他的特长，那个成就感就是玩出来的。

|钱理群| 现在有的孩子不会玩了。一是没时间玩,一是不会玩,不会从玩中得到快乐,就觉得游戏没意思了。

|金　波| 是的。

生命教育

钱理群：
保护儿童的天性，培养人的自觉，归根结底就是培养生命发展的精神力量。

金波：
生命教育首先要让孩子体会到生命的可贵。

|钱理群| 生命教育是一个非常严肃的命题。这一段时间我心里最感不安的,就是会了解到一些偶然发生的孩子自杀的事件。一些孩子自杀的原因很简单,就是觉得活着没劲儿。

鲁迅曾经讲到,人活着的理由分三大层面。第一是为自己活着,我有理想,有追求,我要活着。第二层面是为爱我者活着,母亲爱我,我离开了,母亲怎么办呢?鲁迅讲的第三个活着的理由或许不具有普遍性,就是"为我的敌人活着"——有人不愿意我活,我就偏要活,活着给你看。

|金 波| 这是真正的战士的活法。

|钱理群| 这是鲁迅式的活法。对于普通人来说,主要是"为自己活着""为爱我者活着"。今天有的孩子就失去了这两个活着的理由。他活

着觉得缺少快乐，不好玩，没意思；他也感觉不到爱，没有好好活下去的理由，至少是理由不充分，就选择了放弃。这实在是太可怕了。

| 金　波 |　的确是，生命教育首先要让孩子体会到生命的可贵。有的孩子感觉不到生命的可贵，一旦遇到什么挫折、打击，扛不住压力。

| 钱理群 |　根本的问题是生命的底子不厚。面对外在的生存压力，凭什么去扛，为什么去扛？内心脆弱，什么也扛不住，自然也就选择了"轻生"这条路。

| 金　波 |　是的，我站稳了，我站定了，将来我要做点什么，今天遇到的困难我能克服，这样才行。有的孩子，甚至因为一次考试失败就轻生。

| 钱理群 | 这就说到我想说的一个根本问题：我们的教育，少儿教育，最基本的是培育人的底子。三个底子——精神的底子，学习的底子，身体的底子。轻生就是因为精神底子不厚。我们的讨论一开始提出要保护儿童的天性，培养人的自觉，归根结底就是培养生命发展的精神力量。从小把底子打好，长大以后面对任何困难，都有底气克服、战胜。

阅读的意义

钱理群：

终身学习的底子，阅读是关键，而阅读离不开对母语的认识、体验和审美。

金波：

有意识地培养孩子们爱书，能感受、体味书的『味儿』。

| 钱理群 | 现在我们讨论怎么培养孩子终身学习的底子,这是少儿教育的一个重要问题。我们提倡从培养学生阅读的兴趣、能力与习惯做起。

| 金 波 | 阅读的动力到底是什么?是为了应试呢,还是为了立人呢?这是需要大人和孩子都思考的问题。

| 钱理群 | 终身学习的底子,阅读是关键,而阅读离不开对母语的认识、体验和审美。在我看来,创作的基本动力,就是对母语的迷恋。

| 金 波 | 是的,我注意到了这个问题。

| 钱理群 | 我们说的儿童文学启蒙教育的核心,就是母语教育问题。对汉语的特点,周作人

有一个经典的概述,就是汉语的三大性:装饰性、音乐性和游戏性。

我认为你的儿童文学创作的最大贡献,是把汉语的音乐性、装饰性,还有文学性,都做了充分的发挥。你可能体会更深。

|金　波| 小学语文需要培养孩子这种热爱母语的思想感情。我记得小时候学语文的时候,一方面学生爱学,教材本身很有趣;一方面老师非常重视学习母语。到现在,我也特别感谢小时候教过我的老师。他给我们布置写日记,我不太会写,老是写流水账。甚至我小时候干过这种事:暑假还没过完呢,我把整个暑假的日记全写完了,哈哈哈……其实都是瞎编,是为了留出时间玩。大部分孩子不愿意写日记,不愿意写的原因就是没的写,不知道写什么。后来教我们语文课的老师,

在课堂上把他自己昨天的日记念给我们听。老师哪天有发愁的事、快乐的事,在大街上看见什么新鲜事儿,都写在日记里。我当时感觉很亲切。母语的学习,的确需要有让你亲近母语的内容,给你感受的机会。内容和语言的美太重要了。

|钱理群| 所以我建议家长和孩子读你的儿童文学作品时,要特别注意语言。我对你的作品语言有一个概括,就是"俗白中的精致"。它继承了中国现代汉语写作的一个重要传统。所谓"俗",就是用日常生活的语言;"白",就是白话。你的作品,用的都是日常的生活用语,是纯粹的白话,又很讲究,追求俗白语言中的精致的美。用老舍的话来说,就是写出白话的"味儿"来。你作品中的语言就是"有味儿",好像很随意,其实十分用心、讲究。

| 金　波 |　哈哈，你这是鼓励我。

| 钱理群 |　不是鼓励，是如实说。在我看来，你的儿童文学作品是母语教育非常好的教材，需要细细品味。我的评点的任务，就是提醒、帮助家长、老师和孩子注意其中的细处——看上去是随意的，仔细读才会发现其中的味道。比如你描写花的"红色"，用了"醉红"这个词，就很耐琢磨。"醉"是喝醉了的"醉"，它给人的感觉，就是主体和客体融合了——"红"是一个单纯的花的特征，但"醉红"，就渗入了人（观察者、描写者）主观上"沉醉"的感觉，变得非常迷人了。你作品中的语言看似毫不经意，顺手写出，其实句句、词词精心琢磨，不知不觉之间就把"俗"和"雅"结合起来了。

| 金　波 |　你帮助我提升了，帮助我理性地

认识到了。其实我写的时候，有一个习惯，就是写一篇文章或者写一段文字后，一定要自己读一下，而且读的时候要出声地读。因为这样读的时候，顺不顺自己首先就感觉出来了。这个句子是不是太长？断成两句是不是琐碎？经过反复斟酌，这种语言的感觉就有了。读和不读是不一样的，所以你刚才一说这个问题，我就想到亲子共读的时候，或者独立阅读的时候，尽量要出声读，大声读，读散文更要这样。

| 钱理群 | 有的地方要细细地读，轻轻地读，有的地方要大声读。

| 金　波 | 朗读一定要听见自己的声音——最亲切、最真实，是你自己内心的声音。

| 钱理群 | 这就是汉语的特点了——音乐性。音乐性之外,还有色彩感、绘画感。这背后就是生命感:它是有生命的语言。

| 金　波 | 我有时候写东西是观察着写的,比如我在写《瓢虫日记》的时候,有的章节一面看,一面写,写完了再回过头来读一读,看看语言顺不顺,然后再改。我的体会是,如果我不看着那只瓢虫写,完全凭记忆或者凭想象,往往写得不那么生动,而看着它写下来,就是带着感情去写的。

我为什么愿意写比较短的文字呢?因为写短文字更容易集中精力,可以充分调动自己观察和写作时的真情实感。

| 钱理群 | 这样的写作很享受,这样的阅读也很享受。亲子阅读就是一个享受语言美的过程。

培养阅读习惯也非常重要。如果孩子从小就爱读书，一般情况下，他这一辈子就不会出现什么大问题。

| 金　波 | 对，就可以放心了。

| 钱理群 | 读书是延续的，是一辈子的事。尤其现在世界变化得这么快，我们需要不断地更新知识，不断地阅读，才能不断地进步。

| 金　波 | 读书的目的也很关键，如果读书的目的特别功利，只是为了应试，这就有些目光短浅了。

| 钱理群 | 为了应试而读书，往往孩子是没兴趣的，但阅读的确有被动的一面。鲁迅就专门

讨论过这个问题：理想的读书是充满欣赏性愉悦性的读书，但实际上也存在带有功用性的读书。我们的教育要在这两者之间求得平衡。

我们不能走到另一个极端，把阅读过于理想化，完全否认功利性阅读，这是不客观的。如何把功利性阅读和自觉的欣赏性阅读、生命培育性的阅读结合起来，这是我们教育的一个难题。

| 金 波 | 这种结合比较困难，要找出规律性。

| 钱理群 | 实际上我们自己的阅读也有功利性的这一面，写作也是有功利性的，不能完全否定功利性的客观存在与作用。说到这里，我又想到高科技条件下的阅读，对这种阅读我是有些担心的。

|金　波| 这个问题我也一直比较纠结。我直到现在也非常不习惯用阅读器阅读。我读完之后,好像记不住,和看纸质书不一样。读纸书,我一般拿着一支笔,虽然不一定写什么,但是我读完之后有印象;看阅读器,我经常看一两行之后,又得返回到前头再读。

|钱理群| 这就说到了纸质阅读的意义问题。

|金　波| 对,怎么看待纸质书的问题。

|钱理群| 如何处理纸质书阅读和网络空间中的阅读之间的关系,可能是下一步我们的教育会遇到的问题。纸质书阅读是传统的阅读,它无法像网络空间中的阅读那样,使读者方便地获得信息。网络空间中的阅读大大开拓了阅读空间,

提供了许多新的可能性，但它有一个根本的问题：它不是个性化的阅读，某种程度上是制造一种群体的幻觉，会压抑个人更具创造性的想象力，最后导致不同的读者只有一个共同的想象。

| 金　波 | 思考的空间好像小了，个性模糊了。

| 钱理群 | 这也可以说是"全球一体化"吧。长此以往，最后孩子，甚至所有的人都不读纸质书，全部逃到网络空间里面，会造成两个严重后果：一是使人的视野狭窄化，整天沉迷在网络世界里，对远为复杂、丰富的现实世界一无所知、毫无兴趣，甚至失去了感受力，这种人的生命的空洞化是十分可怕的；再就是失去个性化的认知，千篇一律，也就失去了创造性。表现现实和引导个性化认知，

恰恰都是纸质书阅读的优势。它是一种多元化、个性化的阅读。

|金　波| 我读纸质书，常常有面对作者的感觉，在精神上有亲近感。

|钱理群| 另外，网络空间中的阅读是普及性的阅读，不是经典的阅读。我们一直强调，纸质书阅读应该以"阅读经典"为主。它的最大特点与优势，就是让今天的读者，包括孩子，与人类历史上的智者、大师进行精神对话，这种对话是超越时空的。千年之前、万里之外的经典作家，"召之即来"——一打开经典，就见面了；"挥之即去"——书合拢，就走了。这是何等的自由与痛快！更重要的是，我们普通读者就是通过这样的经典阅读，站到人类精神的制高点上，站在巨人肩膀上，

登高望远，境界是完全不一样的。

我们现在的阅读教育面临着两大难题：如何处理功利性阅读和非功利性阅读之间的关系，如何处理新科技时代的网络阅读和传统的纸质化经典阅读之间的关系。我们编《金波诗意美文·钱理群精读点评本》的特别价值就在这里，在功利性阅读、网络阅读流行的形势下，倡导非功利性的经典的纸质阅读，以达到新的平衡。这也是我们的目的。

|金　波| 儿童阅读要从纸质的图书开始，不能超越这个阶段。婴幼儿常常是把书当成一个玩具，看书很好玩，读书可以知道故事，看画可以身临其境，所以婴幼儿的阅读就是带有游戏精神的阅读，不是理性的阅读。这个过程很重要，不能忽视。看电子屏幕上的图画也是阅读，但是想象的空间

较小。如果孩子拿着一本书，自己去翻动，去阅读，感觉就不一样，主动性比较强，想象空间比较大。孩子是有生命的，书也是"有生命"的。孩子逐渐喜欢上书的过程也很有意思，他喜欢的不仅仅是文字、故事，还有画，甚至包括书的装帧设计。

现在很多童书采用异型开本的设计，还有各种立体书，孩子很喜欢看，慢慢地他就爱上书了。手机和电脑不会呈现这么多变化。孩子拿着一本书，就能把它当玩具玩。我觉得要培养孩子对书的感情，爱书的感情。书的装帧设计是艺术，孩子爱上书了，他才爱阅读。孩子在不同的年龄段，能读到不同的书：婴幼儿的图画书、小学低年级的桥梁书等，多种多样。

还有一点我也想强调一下。孩子在不同年龄段的审美趣味是有所侧重的：幼儿和低年级的孩子喜欢有情趣的书，幽默的、新奇的内容吸引他们一遍一遍地读,直到自己能背下来;中年级学生喜欢有情节的故事书,这个年龄段的孩子开始关注社会生活,关注人的经历、命运,所以喜欢读故事情节曲折的书;到了高年级,他们更喜欢情感浓郁深沉的书,产生共鸣,自己也会深入思考。情趣、情节、情感是孩子在不同年龄段审美趣味的不同侧重点,我们要给予适当的注意和引导。

|钱理群| 我记得当年王瑶先生指导研究生的时候明确提出,你不能只读书,你还要去读原始期刊。

一读发表作品的原始期刊,就进入历史的具体情景、环境、氛围,就读出"味儿"来了。读书得有味儿,这个概念很重要。纸质书它有味儿,在电子屏幕上读书没有味儿。这个话可能现在的家长、孩子听不明白。

| 金　波 | 只可意会，不可言传。有时候读手稿也是一种味道，比如读鲁迅的手稿。

| 钱理群 | 周作人说过，真正的作家是有气味儿的，独特的个人气质就是气味儿。当然，现在的孩子很难体会，但是确实有这个东西。

| 金　波 | 我们要有意识地培养孩子们爱书，能感受、体味书的"味儿"，这是需要引导、培养的。

| 钱理群 | 爱纸质书。

| 金　波 | 纸质书是艺术品。

诗教的智慧与思考

钱理群：

在人生命的不同发展阶段，都有不同的诗歌阅读，我们的口号是：『让诗歌伴随你一生。』

金波：

诗是情感的营养品，它能从情感上打动读者，使他在感动之中潜移默化地受到教化。

|金　波|　诗教的问题，我考虑得比较多，因为我是从写诗开始学习文学创作的。从创作实践上讲，我写诗的时间比较长，写得也比较多。

诗教是我们中国的文化传统，不同的时代，对诗教有不同的理解，不同的侧重。

诗教要特别尊重孩子的天性。孩子的天性，是贯穿于方方面面的，读诗的方法，审美的趣味，孩子对事物的理解、对生活的感受能力，其实都跟孩子的天性有关系。

对不同年龄段的孩子如何进行诗教，要有一个明确的目的和方法。儿童文学最鲜明的一个特点，是强调年龄特征，诗教也如此。

对少年儿童的诗教，可以根据他们的年龄分成三个阶段。第一阶段从婴幼儿一直到小学低年级，第二阶段是中年级这个学龄段，最后是小学高年级到初中的学龄段。

诗歌对婴幼儿来讲，主要是声音的艺术。婴幼儿刚刚学说话的时候，声音大于意义。现在有些家长在孩子刚会说话时就让他背唐诗，他不太可能懂得内容，但是他愿意听，还能背出来，那就是他在享受悦耳的韵律，至于意义，可能以后长大了，读多了就理解了。

从诗教的角度来说，就是要先训练孩子的耳朵，让他感受到读诗的声音，让他听着很悦耳。读诗，最好是亲人读给他听。你拿录音笔录下来，那是别人的声音，不是爸爸妈妈的声音。即使是妈妈的声音，录下来放给他听，也是缺乏亲近感的。用孩子的话说，"我没有被抱着的感觉"。你看同样是妈妈的声音，换成录音机里的声音，就不真实了，就不亲切了。诗教在某种意义上讲就是情感教育，对于婴幼儿更是如此。这一点，要在婴幼儿阶段特别强调。这时的诗教，是通过声音，通过亲情，传递给孩子的。

｜钱理群｜ 实际上不只是音乐，还有舞蹈、游戏。母亲带着孩子又唱又跳，这跟原始人是相似的。人类在原始时期，也可以说在人类的童年，诗歌和音乐、舞蹈、游戏是紧密结合的。

｜金　波｜ 形成一种气场。

｜钱理群｜ 那个时候就适合唱民谣、童谣，不懂没关系。实际上就是进入生命的原始状态。

｜金　波｜ 我举个例子，我小时候，童谣对我的影响很大。我觉得首先从中体验到了亲情，这恐怕是诗教的最初作用和意义。妈妈用乡音给我朗诵："拉箩箩，扯箩箩，收了麦子蒸馍馍。蒸个灰的,放在盔里(盔是一种容器,可用来盛馒头),蒸个白的,揣在怀里。"

这首童谣我小时候特别喜欢,很快就记住了。当时我特别期盼妈妈的最后一句"蒸个白的,揣在怀里"。我跟着妈妈一起唱,妈妈一下子就把我搂在怀里了。那个时候,真高兴啊!

我认为在婴幼儿阶段,诗教最主要的是让孩子体验到亲情,体验到悦耳的声音。

| 钱理群 | 不要刻意追求什么意义。

| 金　波 | 孩子到了中年级阶段,可以独立自主地阅读了,往往希望读一点有情节的诗。像普希金的童话诗《渔夫和金鱼的故事》,有情节,有幻想。叙事诗是歌唱一个故事,歌唱故事和叙述故事是不同的,歌唱故事在情节上不强调细致

地描述，而是强调音乐性。声音之流伴随着感情之流一起流动着。

｜钱理群｜ 在这个时候，特别适合读有情节的诗。

｜金　波｜ 是的。情由事显，诗里有人物，有故事。到了五六年级以及初中这个阶段，孩子就比较喜欢抒情诗、哲理诗。因为这个阶段的孩子慢慢进入青春期，对于抒发情感的诗体会得更敏锐一些，读诗常常会沉浸在情境之中，感受诗的情调。这个阶段的孩子，还开始注意诗歌的技巧，欣赏诗的艺术特点。

我上了中学以后，读了普希金的《假如生活欺骗了你》，就很喜欢，产生了共鸣，它启发我思考社会、人生的一些问题。

到了小学高年级和初中，读诗还会激发写诗的兴趣。孩子会去注意写诗的技巧，也会去关注喜欢的诗人。我们要注意引导他们读诗注意韵律，思考诗的构思、哲理，摘录一些经典的句子，等等。

一个孩子有接受诗教的经历，他的感受会比一般孩子深刻一些，成熟一些，在待人接物方面，在观察大自然以及在亲情体验方面，都会更敏感一些，严谨一些。

| 钱理群 | 你讲到这里，我想起我们编的诗歌读本，也是分成几个年龄段。第一阶段是幼儿阶段，就是刚才我说的将音乐、舞蹈、游戏结合在一起。第二阶段呢，就是小学阶段，它有两个变化。第一个变化就是这种综合的又唱又跳的阅读变成只读文字的诗，脱离了音乐、脱离了会话。另一个变化就是从跟着家长读到自己独立自主地读——

这是小学阶段阅读和幼儿阶段阅读的根本不同。在这一阶段，我们选了很多童话诗。然后到初中阶段，主要读抒情诗。我们当时提出首选浪漫主义诗歌，着重于培养、发挥孩子的情感与想象力。在初中，还应该进行诗歌的知识教育，就是你说的要注重技巧。

│金　波│ 对，他们得探讨技巧，读诗要理解得更深刻些。还要开始学习写诗。

│钱理群│ 初中阶段就可以开些诗歌欣赏专题讲座。到了高中阶段，孩子的世界会越来越大。

│金　波│ 高中阶段的学生多读诗，情感会更丰富，思考会更深刻。

|钱理群| 对,视野也越来越广。这个时候,应逐渐向哲理方向引导、发展,因此我们选了现代派的诗歌,引向抽象思维,倡导形而上的思考。到大学重点就是"现代诗学"的讨论与研究了。在这之后,有一个独特设计,就是和爷爷奶奶一起读中国古典诗,那是特别有意思的。这样,在人生命的不同发展阶段,都有不同的诗歌阅读,我们的口号是:"让诗歌伴随你一生。"

|金 波| 我也强调婴幼儿读诗注重情趣,中年级注重情节,高年级注重情思。诗教不仅是情感体验,还启发思考。我们谈诗教,也要注意少年儿童的个性和审美趣味,注意诗歌不同流派、不同艺术风格的选择。我还强调诗的形式美,不要忽视诗歌的朗诵、吟诵,还要培养读诗、写诗的兴趣。

| 钱理群 | 我们编的诗歌教材要建立在科学研究的基础上，要有坚实的语文教育学的理论准备。

| 金　波 | 教材要考虑的两个首要问题，一个是思想内容，一个是读者的年龄特征、深浅程度。

我还想说一点，有一些"成人诗"，也是适合儿童读的，也可以推荐给孩子看。推荐书目可以稍微高于孩子们的理解力，就像跳一下就能够得着的那个苹果。推荐书不是简单地推荐书目，而是要告诉孩子和家长为什么要读这本书，这本书我们读完之后有什么体会，可能会有什么心得。

| 钱理群 | 你提的这个问题很重要，这也是我一贯的教育原则，就是教育的内容不能完全和孩子的年龄相当，要高一点，得让他们跳一跳，

这样做孩子也会更有兴趣。我当年编诗歌读本时，就定了这个原则，就是针对班上能力稍高一点的孩子。有的孩子即使能力比较差，他至少也觉得有更高的东西可以往上靠，这对他有好处。

| 金 波 | 其实这种深度有时候会激励孩子的探究精神，激发他们的阅读兴趣。

| 钱理群 | 他即使达不到，心里也明白哪个更好。根据我的教育经验，在童年集体中，总有一个"领袖型人物"，你把领袖型人物给抓住了，就会影响更多的同学。

| 金 波 | 对，一个班里总是有一两个孩子读书特别多。特别是喜欢读诗的同学，要给予关注。

|钱理群| 他不一定是班干部,但他无形中就是孩子们的"阅读领袖"。我们要抓住他,吸引住他,我们的对象是他。

|金　波| 要对他们做点了解和研究工作。

|钱理群| 为什么要针对他们而不是最普通的孩子呢?因为他们的影响力很大,他们如果喜欢,其他孩子很有可能就跟上来了。

|金　波| 在读书方面,孩子有时候会有从众心理。爱读书的同学正在读什么书,其他孩子也会找来读一读。

|钱理群| 就是要对症下药。

|金　波| 找两个班,问班里谁读书最多,然后看他都读什么,做做研究。思考一下他为什么读这本书,请他来谈谈阅读体会。同龄人来谈更有说服力。

在阅读中,我希望重视一下"诗教"。诗是情感的营养品,它能从情感上打动读者,使他在感动之中潜移默化地受到教化。诗教还会引导培养孩子纯正的文学趣味。孩子能从感情上接近美好的事物,体验生活中的诗意,接受诗的熏陶,就能体验到心灵的感悟,发现美,思考美,创造美。读诗,在享受诗意的过程中,伴随着趣味、审美、智慧和思考。诗歌这种文学样式是精致的、纯美的。从诗中可以学到语言的美,这对于培养儿童从小热爱母语的思想感情有极大的帮助。

谈到诗教,我还想特别强调一点,就是鼓励孩子们自己动笔写诗。二十多年前,我常常参加

"小诗人夏令营"活动,给他们推荐一些好诗,提高他们的欣赏水平,也帮助他们修改习作。每次我们都举行赛诗会,评出一些优秀的诗歌作品。培养孩子写诗的兴趣贯穿活动的始终,让他们在写诗的过程中学会发现美,体验美,创造美的诗。写诗是最好的诗教方式。诗教的过程,自始至终,体现着"自由、自然、自娱"的情绪和精神。

孩子写诗,不是作业,不是考试,而是表达感情、表现想象力的自由活动。少些条条框框的限制,多些开开心心的感情抒发,写起来最畅达、最惬意,好像"不假思索",好像"一挥而就",其实这就是自由天性的表现。

教会孩子把写诗看成是很自然的事情。心中有快乐,有悲伤,有话要说,自然要说出来。说得感情充沛,想象大胆,念着好听,这是最自然的诗。古人说民间童谣"出自胸臆""纯乎天籁""真率浑成",自然天成的诗就是纯美的诗。此外,要鼓励孩子带着自娱自乐的游戏精神写诗,给他们最广阔的空间,帮助他们张开想象的翅膀,为他们营造一个愉快写诗的氛围,让他们因快乐而写诗,因写诗而快乐。这就是最好的诗教。

思辨能力

钱理群：

培养孩子从喜欢的文学形象入手，从具体的描写语言入手，一步步去体会背后的意味，这就是思辨能力的训练。

金波：

锻炼孩子的思辨能力，也可以让孩子写写同题文或同题诗，这可以启发联想，引导发散思维。

|金　波| 通过阅读培养思辨能力，选书非常重要，选的书一定要让孩子感兴趣，同时他们又不能完全理解，这样能引发他们思考。他们感兴趣地阅读，产生了"问题"——只有当自己有探究需求的时候，才能产生思辨的问题。如果选的书内容简单，只是很好玩，就是看热闹，往往不大容易产生思辨的需求。

"亲子共读"应当是"启发式的阅读"。比如家长跟孩子共读一本书的时候，家长心里可以设计几个能与孩子共同讨论的问题，带着这些问题和孩子共读，一起探讨。这样，我觉得才能引到思辨的阅读中去。

|钱理群| 没错，如果专门去培养、去训练思维方式，可能比较困难，但通过具体作品来谈就容易很多。就像你说的，尊重孩子的喜好，让他

喜欢这本书，喜欢上之后你就要问他为什么喜欢，好在哪里？这个时候他不一定能说出来，家长就要引导他去读、去思考，这就是启发思维的过程。如果孩子不喜欢，家长还在那儿强行灌输"这本书好"的观念，那就跟应试教育一模一样了。家长真正要灌输的其实是一种思考方式——喜欢一个事物之后，思考它好在哪里。这个时候家长和孩子一起讨论这个句子好在哪里，作者写这段的时候在想什么、有哪些追求等。

实际上咱们合作《金波诗意美文·钱理群精读点评本》就是在培养读者的思辨能力，点评具有引导思维的作用。你要专门进行思辨训练行不通，搞不好就成应试教育了。当把一种观点强加给孩子的时候，就变成一种现代教育的主题学——这首诗表现了什么主题，这可不是思辨教育。得从具体作品入手，比如喜欢一部作品的什么？是它的语言？那可以讨论如何去欣赏它的语言，语言的背后有什么意味等等，这个过程才会启发思考。

| 金 波 | 读进去，有感受。不是说知道了情节，就解决了问题。

| 钱理群 | 在这方面，家长就要发挥作用了：一部作品好，好在哪里？一个东西好玩，好玩在哪里？这些你都得跟孩子讨论，共同思考，在这个过程中可以有意识地贯穿某种思想理念、某种思维方式。不过这确实需要一个过程。

| 金 波 | 读一本书，特别是文学作品，只知道"中心思想"是不够的。

| 钱理群 | 一个劲儿地追问中心思想是不

行的。

|金　波| 对有的作品的中心思想，不同人可能会有不同的理解，这就是主题的多元化。

我举个例子，《去年的树》是一篇很著名的日本童话。童话讲的是一只鸟儿在冬天飞向了南方，走之前她答应树，等春天来了，再回来给树唱歌。可是鸟儿回来以后，找不到树了，树被砍伐了。于是鸟儿去寻那棵树。当她知道树已变成火柴，火柴点燃了灯，鸟儿对着灯火还是唱了那首歌。这篇故事所表达的是珍惜友情、遵守承诺的主题。

但是，也有人理解为这篇作品揭露了乱砍伐破坏环境的错误行为。

从这里可以看出对中心思想的不同认识。这种不同的思辨反映出欣赏文学作品不同的方法和欣赏者的不同感受。

欣赏文学作品要沿着"形象—感情—思想"这样一个思路进行。文学首先是以形象打动人的，对于形象的感受需要入情、动情。感情促使我们进一步思考，提升到理性的认识。儿童的阅读可能大多停留在感受形象的阶段，但对于形象的感受越是入情，越是能引起共鸣，这是一条正确的思路。我们看《去年的树》，主要的形象是鸟儿，她对一棵树重友情，守承诺，应当沿着这一形象和情节去思辨作品的思想。

我再举个例子，我有一篇作品被选入了教材，叫《雨点儿》，内容很简单——

数不清的雨点儿，从云彩里飘落下来。

半空中，大雨点儿问小雨点儿："你要到哪里去？"

小雨点儿回答："我要去有花有草的地方。

你呢?"

大雨点儿说:"我要去没有花没有草的地方。"

不久,有花有草的地方,花更红了,草更绿了。没有花没有草的地方,开出了红的花,长出了绿的草。

有的老师在讲这篇课文时,把落在不同地方的雨点儿分成了"好的雨点儿"和"不好的雨点儿",让小学生去思辨。当然,这也是一种分析,一种导读。但是,我认为,不是所有故事里的形象都分好的、坏的两种。思辨能力的培养要从文学形象本身出发。

| 钱理群 | 没错,就是要摆脱那种"段落大意""中心思想"的方式,要培养孩子从喜欢的文学形象入手,从具体的语言描写入手,一步步去体

会背后的意味,这就是思辨能力的训练。它是和形象思维、语言选择融为一体的。不能把一种外在的、已经形成的既定的观念,强加到作品当中去,还是要从作品本身的文学性语言入手,来体会它背后的意味。这背后的意味就是思想。

|金 波| 有时候,孩子能感觉出来那种意味,但说不出来,这很正常。这时候家长和老师就要跟孩子讨论,要从文本出发,让他读出他喜欢的语句,哪怕是一个词、一个比喻。你可以就他喜欢的句子引导思考,比如换一种写法,换一个比喻,在比较中启发他去思辨。把文本读熟读透,思辨才能深入。锻炼孩子的思辨能力,也可以让孩子写写同题文或同题诗,这可以启发联想,引导发散思维。用相同的题目再写一遍,就是在相同中写出不同。

| 钱理群 | 我想起有一些语文老师做的一个实验,我很感兴趣:以鲁迅的作品为例,读完之后让孩子从自己的角度重述故事。同一个故事,你怎么讲,鲁迅怎么讲,你们俩的角度有什么不同?

| 金　波 | 有点再创造的意思。

| 钱理群 | 对,再创造。我非常赞赏这种教学方式——一种完全打破常规的方式。经典作家的东西学生也可以参与,不是参与鲁迅的创作过程,而是在作品的再创造中发挥自己的想象力、理解力、思辨力。

要再创造就得转换角度。创造的前提是必须把鲁迅的原作读懂、搞清楚,不然怎么去转换角度?这实际上就是一种综合的全面的训练,既培养理解力、思辨力,也培养想象力、叙述能力,由此,

孩子明白了写作的流程，明白了从不同的视角可以写出不同的故事。这是一个很有创造性的教学模式，很有意思。

│金　波│读文学作品不能一概分几个固定的层次——一开始选好词好句，然后分段落大意，最后总结主题思想。其实文学作品是不应当这么刻板地去读的。阅读，特别是读文学作品，想要读进去，就要带着感情读，贮存在记忆里，不断地回味、思考。经典作品常读常新，就是指不断地思辨，不断地加深理解。

一 如何「写作」

钱理群：

亲子共读共写中,家长也在不断成长。家长先要训练自己,提升自己。

金波：

写作要从培养兴趣、激发想象力,从口头表达开始,要让孩子有话说、敢说,不能要求过多、过严。

| 金　波 | 如何引导孩子写作？有时候大人所说的一些写作方法对于孩子是不适用的，不能对所有的孩子都笼统地用同一套方法来训练。开头怎么写、结尾怎么写、中间怎么写，这些大框框小孩子他是根本听不懂的，也是不可以过早跟孩子讲起的。你跟他讲这个，讲得越多，他越不敢写了，因为这些条条框框太烦琐，不容易懂。

还是要在生活当中跟孩子多交流，学习的时候、玩的过程当中都要交流。当看着一朵花或者看一只小蜜蜂的时候，一起观察它是怎么飞的，让孩子说说它是怎么飞的，怎么采蜜的。从他表达的语言里面，你就会找到启发他的方法，因孩子而异，因年龄段而异。

写作训练可以从训练如何说话开始。低年级写作，会说话很重要。一二年级的时候就训练写一段话，一二百字。在课堂上是要拿笔写的，但课下可以即兴发挥，说一说，看到的一个事物，你想怎么写，他想怎么写，家长想怎么写，或者读书的时候，看看书上是怎么写的，在比较中积累写作方法。

就这样，在"琐琐碎碎"当中培养孩子的语言能力、写作能力。首先要培养兴趣。我发现孩子对某些事有兴趣的时候，他就愿意表达；他如果对这件事没兴趣，就不愿意表达。孩子没有表达的意愿，你什么方法也用不上。培养好奇心很重要。当然，如果你不培养，孩子也有好奇心。但是，你要抓住那个"时机"，你如果抓不住他的好奇心，可能就放过去了，你再想抓也抓不住了。

写作要从培养兴趣、激发想象力，从口头表达开始。要让孩子有话说、敢说，不能要求过多、过严。不要总是强调表达的是什么思想啊，最后还要拔高一下，这是最忌讳的。可以和亲子共读结合起来，多和孩子一起探讨：平时阅读这本书，哪里打动了你？作者用了什么写作方法……慢慢地，就进入语言写作阶段了。

|钱理群| 引导孩子"写作"，首先要引导孩子"聊天"。一个孩子当看到感兴趣的事物的时候，就会兴奋地说许许多多的话，在这个时候家长稍微引导一下，他说话的思路、写作的思路就出来了。比如写春天，不要只出个春天的题目让他写，他当然写不出来。老师、家长得跟孩子聊：在春天你看到了什么？某一天我们一起去看什么了？你看到的树是什么样子的……在他的回答中一起理清思路，或者再追问一下，总结一下，孩子在聊天的过程中就把思路打开了。这些都是属于孩子自己的思考和体会，聊着聊着，他自己在组织语言的过程中就愿意写作了。

老师要面对太多的学生，很难逐一这么细致地引导，但是家长是完全可以做到的，比如读了几篇金波先生的散文、诗歌之后，可以跟孩子一起分析讨论类似的内容应该怎么写，对吧？

| 金 波 | 嗯，让孩子从自己理解的角度再说一说，再写一写，都是可行的方法。

| 钱理群 | 就拿之前你举的例子来说，两个雨点儿，一个雨点儿到有花有草的地方，一个雨点儿到没花没草的地方。家长可以问问孩子：如果你是一个雨点儿，你想去哪儿？你为什么想去那儿？然后孩子把它写出来，就是一篇文章。这样的引导就是有趣、有效的。

孩子需要引导，需要鼓励。在聊天的过程中阅读，在阅读的过程中聊天，一起讨论他喜欢的

作品好在哪里，问问他对这个内容有没有另外的想法，可不可以有另外的写法等等，在聊天的过程中把阅读和写作结合起来。

|金　波| 阅读很重要，阅读后的交流也很重要。这交流也包括交流写作方法。

|钱理群| 先读；读过之后分析、讨论，一起聊；然后呢，引导孩子写。我刚才讲鲁迅的经典作品也可以换一个角度来写。比如，有的孩子从"路灯"的角度来重写《药》的故事：把"路灯"人格化，"他"怎样看刑场上的夏瑜和看客，"他"怎么反应……

|金　波| 确实挺有意思的。

| 钱理群 | 这是把阅读和写作结合起来,孩子需要模仿,他还需要素材,从作品阅读中去寻求写作的灵感。

| 金　波 | 其实作家也有这种需要,写不出来的时候就阅读,阅读后思维就活跃了,写作灵感就来了,对事物认识就比较深刻。

| 钱理群 | 刚才说过,老师、家长的引导很重要——和孩子聊天,聊完了他就写出来了。

| 金　波 | 但是,家长本人必须对孩子喜欢的东西感兴趣,他要是特别厌烦某件事,觉得这有什么可说的,那孩子会受打击。所以家长要关心孩子的爱好、兴趣。

|钱理群| 这就是我们在前面的谈话中反复强调的，亲子共读共写中，家长也在不断成长。家长先要训练自己，提升自己。

|金　波| 所以有人说嘛，儿童文学也是教育家长的文学。

我觉得对孩子的写作真的要多鼓励。作文啊，哪怕一两句写得生动、流畅，也要肯定。不能否定太多。如果孩子对作文没有兴趣了，进步就更慢了。我举个例子。我上小学三年级的时候，那时候也不会写作，读冰心的一些短诗，也读不懂，可我就是愿意一行一行地模仿着写。记得有一次写的是一首关于春天的诗，老师怀疑不是我写的，后来我的同桌证明是我写的。老师对我会写诗非常高兴，实际上那不叫诗。老师还用毛笔字抄写了我的诗，贴在墙报上，墙报贴在我们校园的门外。

这件事对我鼓励很大,从那以后,我就相信我会写诗。从此以后我一直坚持写诗,写了七十多年。

| 钱理群 | 你这么一说,我也想起来了,我也经历过这样的过程,跟你一模一样。

那时候我上小学,就喜欢乱写,凭着想象随便写,没有任何技巧,也没有任何文学呀、诗呀的概念。老师看来看去:哎,你这是诗啊。我说:啊,这是"诗"?心里开心得不得了,就下决心:将来我要做诗人。

| 金 波 | 鼓励非常重要,孩子写得再不好,你也要给他挑出一点好的,加以鼓励。对孩子的写作绝不能全盘否定。

| 钱理群 | 也就是说,教育孩子是一个漫长

的潜移默化的过程，不要过于理性，想要一开始就引导些什么。家长心里可以有一个底线，但是不能用很简单的方式，而要遵循一个循序渐进的过程。

｜金　波｜要了解儿童心理，这非常重要。家长无论是教育儿童，还是跟儿童交往，知道了、重视了儿童心理特征，往往就会有童心，就会知道该怎么和孩子交流。

学习写作是一个漫长的连贯的过程。学习写作是从学说话的时候就开始的。一个会口头表达的孩子，他的作文不会差到哪儿去。家长不要讲得太多，也不要规矩太多，会把孩子限制住。要随时随地启发，让孩子练习口头和书面表达。

有的孩子常常有这种感觉：人家能写出来，我怎么写不出来？孩子有了这种疑问是好事情，你要抓住时机,因势利导。有时候,即兴地、有现场感地进行写作讨论或写作练习(包括口述)效果很好。比如在旅途中,或面对人和事,可以分别练习写景、写人、写事,孩子感到陌生,或不懂,写得不好,没关系,可以通过和他切磋来补充、修改。

| 钱理群 | 我赞成你的观点。有条件要多带孩子去看展览,一开始他可能根本看不懂,也不一定有兴趣,家长经常带他看,看多了他自然就会有某种艺术感觉。经典的艺术形式,要让孩子知道。等长大以后,他回想起来:哦,我原来看过的。原来看过,和从来没有看过,是大不一样的。小时候糊糊涂涂地看,长大了就明白了。这是一个过程。也就是说,不要有太强的功利目的,期待带孩子看一次展览,他就会感触很多,他可能毫无感觉,

甚至毫无兴趣。家长要坚持带他看，这周看下周看，看不同的展览。如果能深入到手工作坊，他能操作，那样最好。让他知道得越多越好，暂时不懂没关系。教育就是这样一个长期的潜移默化的过程，也带有一定的引导性。

中学生、小学生读鲁迅作品的意义就在这里。鲁迅自己就说过，他的有些作品，没有阅历的人是看不懂的。中小学教材所选的鲁迅作品是适合学生读的，可部分学生比较难读懂，或者说似懂非懂，但都要让他们读。我说过，中小学学生读鲁迅作品就是"认门牌号码"，他们知道有鲁迅这个人，他有什么代表作，等到长大了，有了人生经验、生命体验，就会突然醒悟：哦，原来当年鲁迅的作品，讲的是这个意思。孩子的记忆力非常强。

|金　波| 他长大以后不会忘。

|钱理群| 长大了自会理解,童年时代有一个印象很重要。鲁迅这样的原创性思想家、文学家的经典作品,是要读一辈子的。中小学的基础是不可少的。

|金 波| 儿童阅读有自己的方法和规律。幼儿看图画书跟我们就不太一样,能发现很多细微的地方。那边边角角的地方,他看完,一下子就记住了,记住以后,下次再看那本书,他又找到那地方,而且又有新的发现。这对我们也是一种提醒——他为什么感兴趣?为什么那一页他总是看?为什么他一次一次地告诉我们那内容?孩子看图画书,就是在不断地发现。

|钱理群| 这让我想起抽象派的绘画,其实孩子反而比我们更容易理解画作。对抽象派的绘

画，我觉得孩子有天生的亲近感。

还有一个很大的问题，就是家庭氛围的问题。关键还看家长自己的修养，家庭里有没有读书的氛围。我小时候，家里从来不管孩子读什么书，没有进行过任何专门的阅读教育，但是全家人都爱读书，有一种氛围在那儿，我不知不觉也喜欢读书了。

│金　波│ 在家里能有一些书放在那儿供大家读，这跟没书完全不一样。

咱们说了半天，其实好多问题都是跟家长有关。我们提倡亲子共读，实际上在进行补课：家长自己要爱读书、会读书，孩子才会爱读书、会读书。一切从家长自己做起。

"我"和"我们"

钱理群：开始是"我"，我是一个被爱的对象，然后逐渐就是"我们"中的"我"。

金波：我们的家庭教育、学校教育，都有责任培养孩子集体生活的能力。

|钱理群| 其实我前面已经讲过这个问题了,它有一个过程,开始是"我",我是一个被爱的对象,然后逐渐就是"我们"中的"我"。要学会"爱他人",我和别人是息息相关的,自然会彼此相爱,形成一个生命共同体。"爱自己"与"爱他人"需要统一、协调起来。

|金 波| 这个问题其实也和社会大环境有关。现在的孩子大多是独生子女,在从小长大的家庭环境里就只有自己一个孩子,被家长宝贝似的护养着,这让他们在心目中就容易只有自己,而忽视他人。这是一个普遍性的问题,很多家庭都如此。

|钱理群| 我觉得可以适当地引导孩子参加一些集体活动,比如说夏令营。和孩子一起看戏剧、

电影时，引导孩子注意周围的人，别吵，别妨碍别人观看。通过这些日常生活中的细节，引导孩子知道还有他人的存在，而他人是需要尊重的。这也是一个潜移默化的过程。让孩子知道世界不止有我，还有他；不止有我和爸爸妈妈，还有另外的人，而这另外的人，他有他的价值，我至少应该尊重他；还要尊重和维护公共秩序，比如上公共汽车时不能挤、不能抢。这都是教育。

｜金　波｜上公共汽车时，有的家长让孩子先上去抢占个座，开了这个"头"就不好了，生活、教育中无小事。

｜钱理群｜教育是无所不在的。这些生活"小事"都万万忽视不得。我们是一个"文明的社会"，要教育孩子从小懂文明懂规矩。

| 金　波 | 我们的家庭教育、学校教育，都有责任培养孩子集体生活的能力。

| 钱理群 | 所以我赞成在特定的时候让学生去住宿。

| 金　波 | 我也赞成孩子住宿。家长可能有点心疼，心里不踏实：孩子吃得怎么样啊？住得怎么样啊？这一代家长有心理负担，大多数家里就一个孩子啊！

| 钱理群 | 集体生活会让孩子学会彼此协调、宽容、让步，这就是进步。这本身就是一种教育，在一个孩子成长的过程中必不可少。我们要创造一切条件，培养孩子的集体观念。比如同是旅游，也有两种方式，一种是只管自己怎么玩，

另一种是注意观察周围的人，学会和其他旅客相处，这也是一种认识他人的方式。要引导孩子进入社会。

摄影中的童年记忆

钱理群：

摄影就是一个发现和展现自然之美、人之美、社会之美的过程。

金波：

每一幅照片都是看得见的记忆。能唤醒记忆的照片十分珍贵。

｜金　波｜这几天，我正在读你最近出的一本书——《钱理群的另一面》。这本书很独特，是一本摄影与随笔相结合的摄影集。我之所以感兴趣，并非对摄影艺术有多么深刻的了解，而是被好奇心驱使——一位文化学者居然拍了这么多照片。首先吸引我的是你的"怪脸照片"，还有一些关于世界风光的。在这本书里，我看到了另一个你。

在广大读者的印象里，你可能是一位严肃的学者，不苟言笑，谨言慎行，目光冷峻，很难亲近。可是看了这本摄影集，我印象最深的，一是你是最易亲近的老人，而且是最易被孩子亲近的老爷爷。看看那些"怪脸照片"，哪一张不是特别淘气的大男孩形象？再一点是，你的照片让我感受到你有一颗亲近大自然的心。你真的是一位"自然崇拜"者。

在这些照片中，有的我可以肯定你是经过严

谨审视后拍下来的,还有一些又是凭着直觉快速抓拍的,因为那些景物好看,有虚幻感。

我觉得每一幅照片都是看得见的记忆。能唤醒记忆的照片十分珍贵。

│钱理群│ 如果有条件,让孩子从小学习摄影,也是很好的。现在跟我们小时候不一样,我们那时候普通家庭里哪有照相机呀,而今天有条件让孩子学习摄影。旅游的时候拍一些照片,并且和孩子一起欣赏,这就是一种潜移默化的审美教育。摄影就是一个发现和展现自然之美、人之美、社会之美的过程。通过摄影还可以留下纪念,留下自己生命的足迹。要充分利用现代科技来引导孩子,开阔他的眼界——不仅心中有自己,还要有社会,有全世界。

我是一直提倡看纪录片的,比如看CCTV-9纪录频道的纪录片。那里有一个我们不知道、不熟悉的新天地——有世界上许多国家的风土人情。看了以后你就会知道地球上还有一些我们不熟悉,甚至从未听说过的民族、人群,他们是那样生活的。比如有一期节目就是专讲世界上落后国家的孩子如何读书的,他们每天上学要走很远的路,还历经危险。孩子看了会很新奇,也会去想,世界上还有另外一些孩子,跟自己年龄一样,但境遇大不相同;知道还有一个更广阔的、自己不熟知的世界,往往会产生好奇心、探索的欲望。这对孩子的成长是极有好处的。

│金 波│ 就是让孩子开阔眼界。比如说看纪录片,它是真实的,不是虚构的。这样就可以让孩子学会观察真实的生活。

|钱理群| 教育还有一个话题——要留下童年记忆,尤其是留下一些美好的童年的记忆。这对孩子一生都有益。到晚年时,看当年的"自己"可爱、可笑的样子,会非常开心。

|金 波| 摄影是一门艺术。孩子学会摄影,的确可以培养审美能力,提高审美水平,去发现美,创造美。我还想到,孩子作为摄影欣赏者,还会有更深刻的意义。这就是摄影可以唤醒童年的记忆。童年的记忆,对于我来说是一份最为珍贵的精神财富。从事儿童文学创作的人,内心都要有一个"童年的自己",这就是童年的记忆。我曾经说过,为儿童创造艺术的人要学会"养育童年",就是对童年的记忆"常忆常新"。过去的每一次经历、每一个瞬间都是有生命的,是我们一起成长的陪伴。

返老还童

钱理群：

中国有两个成语，最适用于人的晚年，一个是返老还童，再一个是入土为安，回到大地，回归大自然。

金波：

对一个有童心的人来讲，他没有衰老，只有成长。

|钱理群| 还有一个话题没谈呢,就是老年。

|金　波| 好的,我先谈吧!老年这个话题,我在八十岁以前没怎么想过,因为还没有"老"的感觉,倒是别人常常提醒我,特别是孩子。我讲几个相关的故事。

第一个故事——

那时候我还不到八十岁。有一天,我去一所小学,学校领导给我安排了一次座谈。我和几个小学生坐在台上,众多的师生坐在台下。座谈会开始了,主持人让学生提问题。第一位小学生提的问题是:

"金波爷爷,您都这么老了,还能为我们写童话,您有什么诀窍?"

这个提问引发了我之前没想到的一个问题:我有这么老吗?我这么老了,为什么还能写童话,这个问题我从没想过呀！但我得回答。就在那十几秒钟里，我迅速想到了五六个答案，但很快就被我自己否定了。"老了，还能写童话，为什么？"我想到了一个最真实的答案，我说：

"同学们，我不会做别的事情呀，我只会给你们写作。"

台上的同学你看看我，我看看你，有点疑惑似的。台下的同学有的"啊"了一声，有的笑了。

提问题的那位同学说："金波爷爷，您太谦虚了吧！"

我说："我不是谦虚，我最真实的体会是，人一生做好一件事很不容易啊！"

现在我还是这么想。

第二个故事——

还是在校园里发生的。那一次，我好像给孩子们讲怎么写好作文。课讲完了，有个男孩子走

到我面前说:

"金波爷爷,我拔一根您的白头发,留个纪念,行吗?"

这个要求太突然了,从未遇到过。但那男孩子态度是认真的。我正不知该怎么回答他时,老师走过来,说了一声:"淘气!"接着把他赶跑了。

告别了那所小学,我感到很遗憾。我真应该让他拔一根我的白头发,求他一个答案:为什么要拔一根白头发留作纪念?他要纪念什么呢?

如果说上面这个故事是一首幽默的诗,我再给你讲一首抒情的诗。

第三个故事——

还是到一所小学,去讲阅读和写作。讲完课以后,老师又安排了一个活动:凡是买过我的书的同学,想让我签名的,排好队,有秩序地走到我桌子前按次序签名。

那天秩序很好,孩子们签完名都高高兴兴地回教室了。但我感觉身后一直站着一个男孩子。我回头看看他,他笑一笑,什么也没说。老师也发现了这一情况,就问他:"给你签完名了吗?"

"签完了。"

"签完了就回教室吧!"

这孩子举起他手中的笔说:"我等金波爷爷的笔用完了墨水,然后他可以用我这支。"

老师就让他站在那儿等着。可是那天,直到我签到最后一个孩子,我笔里的墨水也没用完。那个孩子看见了,赶忙把一张小纸条卷到笔杆上,把笔送给了我,说:"金波爷爷,您回家就用我这支笔为我们写作吧!"说完,鞠了一躬走了。我展开那张小纸条,上面写着他的名字、家庭地址和电话。这支笔我一直保存着。

这三个故事都与我的"老年"有关,启发了

我的思考：孩子们怎么看待我的老年呢？

第一个故事，其实就是一个问题，老人怎么还可以做许多事情？孩子对老年人有一般的看法，这就是老年人年老体衰，要人照顾，如果还能做些事，特别是能为孩子做些事，比如我还能为他们写书，他们就会感到惊喜、佩服。

第二个故事告诉我，在孩子的眼里，老年是很神秘的，黑头发变成白头发，这件事本身就很神秘。（孙幼军先生曾在一篇童话中写到，作家挤出了头发里的墨汁，为孩子写作，后来挤光了，头发变白了。）我很后悔当时没留住那孩子，我很想问问他，为什么要拔我的头发留作纪念。（后来又过了几年，我在南京一所小学，遇到一位小记者采访我。她第一个问题就是："您头发里是不是住着小精灵？"可惜那一次的采访，因为是统一的集体活动，没能展开谈下去。）在孩子的眼里，老年人能做些让他们惊喜的事情，是神秘的，是值得探究的。

第三个故事，孩子送我一支笔，让我继续为他们写作，这是一个很温暖的故事，表现了孩子纯真善良的品质。

在这三个故事中，我从孩子那里认识到了老年的意义：越老应当离童年越近。儿童可以给老年许多希望和力量，可以让老年过得更充实、更快乐。

最近我正在读《托尔斯泰最后的日记》，他写到，在儿童那里，可以发现精神的生命；可以发现完全纯洁的姿态。八十岁以后，孩子们让我发现了自己像孩子一样的"老年"，这就是我的返老还童吧！

|钱理群| 我自己一直受俄国文学评论家别林斯基一段话的影响。他说人生包括三个阶段，

第一阶段是做梦。我后来发挥说，按道理，一直到读研究生阶段都是做梦。第二阶段，面对现实，梦破灭，那是最痛苦的。因此，必须对你的梦做一些调整。梦破裂后，人会出现不同状态：一种是彻底放弃，人就变成另外一个人了，变成精致的利己主义者了；另一种就是保留了梦想，但是必须对它做调整。最后阶段是到晚年，再回到梦里。人生包括这三个阶段。而我对自己的总结是，我这一生最大的幸运就在于这三段我都比较完整。我小时候的梦很彻底，然后我在调整中的痛苦、波折也特别多，到了晚年，我现在真的是天天在做梦，但又不是简单地回到原来的梦或者回到童年，其中有老年的阅历和智慧。把老年的智慧和童年的真诚结合起来，实际上是一种提升。我总是说，中国有两个成语，最适用于人的晚年，一个是返老还童，再一个是入土为安，回到大地，回归大自然。

|金　波| 钱理群先生，你是一位浪漫主义者。不跟你打交道，一定会认为你最大的特点是对事物看得深刻，表达尖锐。其实你还有另外一面，有童心，是浪漫主义者。你能在晚年回归童年。你的回归童年，意味着什么呢？意味着生命的新生。我说过一句话：对一个有童心的人来讲，他没有衰老，只有成长。我和你每天的写作就是成长。你跟我说："早晨没起床，躺在床上半小时，突然灵感来了——我有一本书要写。"这生活多有趣啊！你说要写一本现代文学史，要写"鲁迅是一个网络写作者"。如果一个老年人每天有这么多新发现，有这么多灵感，生命不是每天都在新生吗？只不过成长的内涵不一样了，现在的成长，不是人变得年轻了，而是智慧增加了。

有智慧的人看问题通透、豁达。你对待生老病死的态度给我很大的启发。你从来没有惧怕生病、死亡，你把它看作一个自然规律，这不是说说而已，而是表现在你生活的各个方面。第一次到你这儿，我发现，你是一位感情丰富、爱生活的老人。从你的《钱理群的另一面》中可以发现许多深情、美丽、永恒的瞬间。还有，你的房间里摆着这么多布偶和夫人的照片。我觉得你懂得生活，懂得发现生活当中的美，懂得怎样寻找快乐，懂得怎样理智思考。你是一位"没有衰老，永远成长"的人。你给了我许多启发。

|钱理群| 其实，就是返老还童，回归童年，甚至享受童年。我和你在养老院里提倡"儿童文学启蒙教育""亲子共读"，编写、评点关于童年怎么玩、读、看、写的书，就是要和孩子共享童年。

这真是人生一大幸事、快事,哈哈哈。

| 金　波 | 咱们一起返老还童。

感受、思考和对谈

金 波

读书，读到一个外国作家的话："所有伟大的文人都害羞。"又读到："一个害羞的人，他的命运不可能是快乐的。"我从没考虑过这个问题。但是，住进养老院以后，我除了感觉到年老体弱外，还有一种孤独感，身边没有孩子，看不到他们的笑容，听不见他们的歌声。生活中没有孩子的欢歌笑语，这该多么寂寞。现在，我这个老人，还体验到了一种害羞的感觉。

时序进入早春，天气放暖，草坪泛绿。这一天，阳光普照，我突发奇想，去草坪上遛遛我的蝈蝈。

这只蝈蝈我养在葫芦里一冬天了，虽然叫着，但从未在阳光下开放它的叫声。

我去了草坪，想把蝈蝈放到草地上。开始，它不肯出来，我转动了一下葫芦，它才胆怯地走出来。它嗅嗅草叶，动动须子，试探着走了几步。正在这时候，来了几位年轻的管家。她们惊讶地叫起来："这是什么呀？"一个姑娘说："蛐蛐吧？"我捧起蝈蝈，放在手心里给她们看，吓得她们叫着后退了好几步。就在这时候，蝈蝈叫起来了。叫声又把她们吸引了过来，她们仔细地观察着。我说："这是蝈蝈。""这是您的？""对呀，是我养的。""您都多大了，还……"旁边一个管家用胳膊肘碰了她一下，她不说了。我呵呵一笑，不知怎么回答。她们走后，我忽然有点害羞。"您都多大了"，这句话的潜台词是"还玩这个"。那天我一直在想，我是不是属于"文人都害羞"那一类呀？

不久之后,我参加了一次养老沙龙,钱理群作主题发言。发言中他提出老人要回归童年,改善老人心态。他列举了几件可以操作的事情,比如观察自然、种植花草、玩赏昆虫等等,句句说到了我的心坎里。我忽然感觉发现了一个新的钱理群。这位教授、学者,鲁迅研究专家,内心深处竟然住着一个孩子。心里住着一个孩子就会有童年的记忆。童年的记忆不仅会使我们联想起许多童年的故事,还会让我们怀着一颗童心看待当下的生活。钱理群教授之所以能够提出回归童年的理念,就是因为他还有一颗童心,他能用童心感受当下的老年生活。

有一天,他告诉我,他在中学时代曾经有一个成为儿童文学作家的梦。那时候,他读了很多儿童文学作品,还写了关于盖达尔小说的论文。后来他上了大学,发现自己更适合从事理论研究,所以就放弃了那个儿童文学作家梦。

知道了这些以后,我就更感觉站在我面前的是一个很值得亲近的、有童心的钱理群了。我们读彼此的书,我们谈童年的经历,我们谈当下的儿童教育、儿童的审美趣味、儿童文学创作,等等。特别是他读了我的作品以后,在书的空白处写了大量的点评文字。他还欣喜地告诉我:你圆了我的儿童文学作家梦!这句话,让我感觉快乐、幸福。我的养老生活,不再孤独,不再害羞,我甚至感到很自豪,内心世界很充实,因为我到了老年还拥有回归童年的感觉,还结交了回归童年的朋友。我交往的空间扩展了,朋友增多了。我乐于和他们谈童年的生活和老年的乐趣。我发现他们听得津津有味,特别是对于我那么了解儿童的心理,那么容易和儿童打交道,以及我的作品里所展现的那种童趣,他们都觉得很新鲜。我也感觉有了知音。特别是他们夸奖儿童文学作家都是有特异功能的人,这句话,我是第一次听到。我觉得他们说出了儿童文学作家的心理特征、个性和天赋。的确如此,我们搞儿童文学的人,特别能够了解儿童的心理,包括他们的感情诉求,他们的快乐和不快乐,他们表达自己内心世界的方式,以及他们独特的想象力。我们和孩子很贴心,还会常常想起自己的童年。

我感觉钱理群对于儿童文学的热情被点燃了,我们经常谈到儿童的生活、儿童的教育、儿童的阅读、儿童的想象,特别是我们经常谈到彼此的童年时代。要谈的话题越来越多了,比如童年的游戏,我谈了很多种,但是他说都不会玩,他不会滚铁环,不会弹球,不会逮蛐蛐。但是,渐渐地,我了解到他对摄影很感兴趣,他拍了许多孩子的镜头、大自然的风景。我读了他的《钱理群的另一面》,在这本摄影集里,他做鬼脸的表情让我忍俊不禁。我看到了他和孩子们的交往,他抓拍了许多儿童游戏的照片。他有童心，他有一双发现儿童情趣的眼睛。他还喜欢朗诵。有一次我们这里的老人们开了一次朗诵会，朗诵我的作品。他知道了，问我为什么不邀请他参加，他说："我是很喜欢朗诵的，我是下过功夫学习朗诵的。"我对他刮目相看。还有，更让我感到意外的，是我发现他曾经演过电影，在《三毛流浪记》这部电影里，他扮演过阔少爷的角色。我太惊喜了，原来他所擅长的比我弹球、滚铁环那些游戏更高级呀！我认定他不仅没有忘记自己的童年，而且更关注当下的童年。

相识的时候，我们都已经进入了耄耋之年。但是我们又常常忘记年龄，因为我们有许多事情要做。读书和写作占去了我们较多的时间，尤其是钱理群教授，每天都笔耕不辍。他说，住进老年公寓以后，他的精神状态最好，文思泉涌，有写不完的内容。用他的话说，早晨醒来，就有了写作的灵感，进入了思考，于是，开始了一天的写作。

我们有时是一起吃饭，有时是散步相遇，随便找个话题，就可以开始一次对话。我喜欢谈故事和感受，他喜欢谈读书和思考。每次对谈都是即兴的，碰到什么话题，都可以畅所欲言，逸兴遄飞。事后一想，都谈了什么？却常常忘记，不记得谈出了什么深义或凡庸，只是觉得每次的聊天都很畅快。

有时候，我也会忽然想起，活了一大把年纪，这人生的意义是什么？想来想去，无从索解，只是感觉当下的每一天，过得还不算空虚，还总有一些思考，有一些表达。因为有思考，才称之为人的生活吧。我常常在思考和探索，并在这过程中，意识到有我的存在。生活中有我，我在生活中，这真的很好。我在生活中感受，又在生活中思考。我们感受和思考的就是生命的意义吧！

我们谈过的许多话题，有感受，有思考，都收到这本对谈集里面了。

  我们希望有更多的人一起对谈,有更多的不同的声音。

两位先生在北京泰康之家·燕园散步。

钱理群 先生

金 波 先生

"我们在日常生活中总是戴着某种程度的面具……现在,把这些面具全都摘下,完全不像个教授,更不是名人,专门搞笑。别人看了开心,自己也轻松自如了。"

"现在是夏天了,山野里已经有你熟悉的朋友了:那蚱蜢,那蝉,那蜻蜓,那蝴蝶……你可以去告诉它们:你在这个世界上,从冬到春到夏,一直在歌唱。"

钱理群先生书房里的笑声……

一起讨论关于童年的话题。

钱理群先生在南京公园与孩子们的偶遇。

金波先生在青岛进行诗教讲座,与孩子们亲切互动。

图书在版编目（CIP）数据

我与童年的对谈 / 钱理群, 金波著. — 青岛：青岛出版社, 2023.1
ISBN 978-7-5736-0556-6

Ⅰ.①我… Ⅱ.①钱…②金… Ⅲ.①儿童教育－研究 Ⅳ.①G61

中国版本图书馆CIP数据核字（2022）第205808号

	WO YU TONGNIAN DE DUITAN
书　　名	我与童年的对谈
著　　者	钱理群　金　波
策　　划	连建军　魏晓曦
责任编辑	刘　奎　张雪慧
文字编辑	王玉超
美术编辑	孙　琦
出版发行	青岛出版社（青岛市崂山区海尔路182号、266061）
本社网址	http://www.qdpub.com
照　　排	青岛新华出版照排有限公司
印　　刷	青岛海蓝印刷有限责任公司
出版日期	2023年1月第1版　2023年1月第1次印刷
开　　本	16开（715mm×1010mm）
印　　张	12
字　　数	100千
书　　号	ISBN 978-7-5736-0556-6
定　　价	68.00元

编校印装质量、盗版监督服务电话：4006532017　0532-68068050